Si pudieras hablar

Cómo escuchar a nuestros animales
y sanar a través de nuestra conexión

Patricia Perreau de Pinninck

VERGARA

Papel certificado por el Forest Stewardship Council®

MIXTO
Papel procedente de
fuentes responsables
FSC® C117695

Penguin
Random House
Grupo Editorial

Primera edición: julio de 2022

© 2022, Patricia Perreau de Pinninck Gaynés
© 2022, Penguin Random House Grupo Editorial, S. A. U.
Travessera de Gràcia, 47-49. 08021 Barcelona
Diseño de interiores: Comba Studio
Ilustraciones de Freepik.com y TheNounProject

Printed in Spain – Impreso en España

ISBN: 978-84-18620-84-3
Depósito legal: B-7.734-2022

Compuesto en Comptex & Ass., S. L.

Impreso en Romanyà Valls, S. A.
Capellades (Barcelona)

VE 2 0 8 4 3

Índice

Introducción

Si este libro ha llegado a tus manos, deseo con todo mi cariño que te ayude a escuchar a tu animal y a comprenderlo más profundamente para poder fortalecer vuestro vínculo, mejorar vuestra relación y la convivencia en familia.

A través de una conexión profunda con el animal y una mirada interna hacia nuestro propio ser, se pueden comprender mejor los problemas que surgen en las relaciones con nuestros animales para poder solventarlos.

También deseo que entiendas la verdadera conexión que existe entre el animal y tú, su responsable. A medida que comprendemos a nuestros animales y conectamos con ellos de maneras más profundas y sutiles, conectamos también con nuestra propia esencia, con nuestra propia animalidad y con nuestro corazón. Aprendemos a relacionarnos con nuestros animales y con nosotros mismos desde otro lugar, haciendo un trabajo conjunto de evolución y crecimiento personal, y vamos descubriendo por el camino que su sanación también nos sana a nosotros. Estamos juntos en el camino.

En este libro expondré mis experiencias a través de consultas de comunicación telepática animal, distintas terapias, trabajos energéticos e intuitivos realizados, y también a través de las propias experiencias que he ido adquiriendo con animales de distintas especies que se han cruzado en mi vida personal.

Para leer este libro te sugiero que abras tu corazón. Pídele a tu mente con mucho cariño que se relaje, que baje el volumen, que única y exclusivamente se dedique a la función que le corresponde, y que sea tu alma la que integre. El sentido real de las cosas no se alcanza intelectualmente, a través de la mente. Deja que sea tu alma la que integre lo que vas a ir leyendo y quédate solo con aquellas palabras que te resuenen.

Las palabras se comprenden verdaderamente con el corazón, con el alma. ¿Alguna vez te ha pasado que has oído o has leído algo que no sabes muy bien lo que quiere decir, pero te llega al alma? Tu mente tal vez no lo comprenda, pero tu alma sí, tu alma sabe y reconoce la información.

Mi intención con este libro no es instaurar un nuevo sistema de creencias, ni convencerte de nada... Mi único propósito es compartirme desde mi sentir, desde mis experiencias con toda clase de animales, desde mi verdad, desde mi perspectiva adquirida a lo largo del camino y en constante evolución. Cada uno de nosotros tenemos nuestra verdad, que puede ir moldeándose a medida que avanzamos y experimentamos en la vida, así que te animo a que busques tu propio camino. Nadie más que tú conoce tu propio camino y tu verdad, un camino en el que muchos animales han decidido acompañarnos, y no es casualidad.

Que las palabras que aquí te voy a exponer sirvan de reflexión y quizá permitan cuestionarte ideas que hasta ahora habías creído como la única verdad inamovible, no solo sobre los animales, sino también sobre ti mismo y sobre la vida. Cuestionar todo lo que nos han enseñado desde pequeños requiere de valentía y, posiblemente, implica tener que atravesar periodos de incomodidad. La vida no es cómoda, nadie dijo que lo fuera.

Con el tiempo me he dado cuenta de la importancia de abrir la mente, aceptar mi ignorancia hacia la vida y aprender con el corazón abierto. Asumir nuestra propia ignorancia puede resultar bastante incómodo. No todos estamos dispuestos a asumirla. Requiere de humildad y coraje, pero es la vía para empezar a averiguar quiénes somos en realidad y quiénes son en esencia nuestros animales de familia que han decidido acompañarnos en este camino.

Con las ideas que voy a exponer en el libro tampoco deseo en ningún caso aportar «división». Yo no pretendo señalar «esto está bien» o «esto está mal». Solo deseo poner a tu disposición mi humilde experiencia adquirida hasta la fecha, mi entrega y las ganas de que estas palabras puedan ayudaros en vuestro camino. Yo también me permito con el tiempo seguir añadiendo nuevas experiencias en mi vida, seguir creciendo y evolucionando (¡me queda un buen camino por delante!). Y estoy abierta a seguir aprendiendo a través de lo que me comunican los animales, para aportarme ahora y en un futuro nuevas miradas.

Una vez más, quédate solo con aquello que te resuene, y toma este espacio de lectura como un lugar para compartir, nutrirte y ampliar horizontes.

«Mi perro, mi gato, mi pájaro, mi caballo...»

Quisiera aclarar que a lo largo de las siguientes páginas voy a usar posesivos al hablar de los animales con los que convivimos. Voy a decir, por ejemplo, «mi animal» o «nuestros animales» por un simple tema práctico: me resulta más sencillo y fluido que decir «los animales con los que convivimos» o «los animales de familia». De todas formas, quiero aclarar que los animales no son posesiones, no son nuestros, su vida no nos pertenece, solo elegimos compartir nuestra vida junto a ellos y ellos nos eligen a nosotros. Por este mismo motivo, no voy a hablar en ningún caso del «dueño», sino que hablaré del «responsable» del animal. También se podrían usar otros términos que no denotan pertenencia como «el cuidador», porque cuando decidimos incorporar a nuestra familia un animal tenemos que responsabilizarnos de su bienestar, que depende en gran medida de nosotros.

En alguna ocasión uso también los términos «animales no humanos» y «animales humanos». El uso de estas palabras nos ayuda a recordar que los seres humanos también somos animales. Por no decir que la palabra «animal» proviene del latín *animalis*, que significa un ser dotado de soplo vital (anima = alma). No olvidemos que todos somos almas, independientemente de la especie en la que nos materialicemos físicamente en la Tierra, ya sea un gato, caballo, perro, pájaro, un ser humano... y no hay ningún nivel o jerarquía entre nosotros. Todos somos seres únicos, con nuestra unicidad, sin ningún tipo de rango ni superioridad entre nosotros, aportando cada uno al mundo según su esencia y su naturaleza.

La mayor parte de la información que aporto en este libro es en relación con nuestros animales de familia. Casi todas las experiencias que expongo tratan de animales de familia, es decir, de aquellos animales que han decidido acercarse a las personas para hacer un camino de evolución conjunta. Y muchos de los ejemplos que encontraréis se refieren especialmente a perros o gatos, porque la mayoría de las consultas que recibo son sobre estas especies (que son las especies de animal mayoritarias con las que actualmente convive el ser humano). Algunas de las reflexiones e información pueden servir de inspiración en casos puntuales para otras especies de animales de familia, ya sean roedores, aves, caballos...

Trato con mucho respeto y amor cada una de las comunicaciones que he establecido con los animales, y agradezco la confianza depositada en mi labor a la hora de solicitarme una comunicación animal o cualquier otro tipo de terapia. Por ello, todos los casos de animales que aparecen en el libro han sido previamente autorizados por sus personas responsables para ser publicados, y han sido expuestos con el único fin de ayudar al lector y a sus animales. Los nombres de animales y personas que aparecen en el libro no son reales, se han modificado para mantener su privacidad.

CAPÍTULO 1

Reconectar con
el corazón

Los seres humanos vivimos desconectados de la naturaleza y de los animales, y nos hemos alejado del camino del corazón, movidos por la mente y el ego. Pretendemos comprender la vida a través de la mente, y esa no es su función; la mente no sirve para entender la vida. No sabemos quiénes somos en realidad y nos sentimos separados de los demás seres humanos y del resto de las formas de vida.

Los animales nos impulsan de alguna manera a mirar hacia nuestro interior y a conectar con nuestro corazón, porque de esa desconexión con el corazón nacen muchos de los conflictos en la relación entre el ser humano y los animales con los que convive. Al conectar con el corazón no solo comprendemos más a los animales, sino también a nosotros mismos, y nos reconocemos por quienes realmente somos; empezamos, pues, a plantear cambios en nosotros mismos para sanar conflictos y problemas en la convivencia con nuestros animales.

Durante varios años vi una gran cantidad de documentales espirituales y acudí a muchas charlas, retiros y talleres sobre el camino espiritual del ser humano, sobre el despertar de la consciencia. Me parecía asombroso que durante todo ese tiempo no encontrara apenas nada que hablara de la relación que existe entre nuestro propio camino espiritual y la conexión con los animales, con los animales no humanos en general y especialmente con los animales de familia.

Algunas de las prácticas espirituales y energéticas que aprendí me ayudaron a ir deshaciendo capas y bloqueos que tenía desde pequeña; pero si no hubiera sido por mis perros y por todos los animales que se han cruzado en mi vida, yo probablemente no me habría atrevido a seguir a mi propio corazón ni a cuestionarme quién soy en realidad. No me habría dado cuenta de que no sé quién soy.

A través de la conexión profunda con un animal podemos conectarnos con la vida y acercarnos a nuestra verdadera naturaleza. Los animales, tanto los que conviven con nosotros en nuestro hogar como los que se cruzan solo unos instantes de nuestra vida, tienen un gran papel en la evolución de las personas, como compañeros de viaje con grandes cosas que mostrarnos.

En el tiempo que llevo acompañando a familias interespecies a través de distintas terapias para una mayor comprensión entre animales y seres humanos, he visto y he asistido a algunos cambios increíbles en las personas gracias a sus animales. Entonces ¿por qué no se reconoce su importante papel en el camino de nuestra evolución? ¿Por qué no se pone en valor el increíble trabajo que hacen para ayudarnos en nuestro crecimiento personal? ¿Y si fuéramos más conscientes de lo que nos intentan mostrar con su presencia en nuestra vida?

Cuando nos damos cuenta de todo lo que hacen los animales por nosotros de manera desinteresada y desde el amor incondicional, las personas empezamos a valorarlos y a devolverles todo el amor y empatía que se merecen. En realidad, siento que no deberíamos devolverles nada (en cualquier relación no deberíamos dar porque pensamos recibir algo a cambio, o no deberíamos esperar a recibir para dar al otro), sino más bien establecer una relación de igual a igual, con respeto, honestidad, empatía, amor, valorando al ser que tenemos delante, compartiéndonos desde un espacio sagrado y valorando sus necesidades reales.

Actualmente vivimos en una sociedad aún poco avanzada en el trato que se le da a los animales. Deseo que este libro ayude a comprender todo lo que podemos aprender de ellos, el valor de su compañía, y ayudar a recuperar la armonía perdida entre seres humanos y animales.

¿Quién soy?

Los animales no han olvidado quiénes son. No han olvidado cuál es su función en la vida, no se han desconectado de su esencia. Las personas hemos olvidado quiénes somos en realidad. Somos la especie que necesita con más urgencia despertar a nuestra verdadera naturaleza, y los animales nos ayudan a reconectar con nuestra esencia, porque ellos nunca se desconectaron de la suya propia. Ellos se reconocen, saben quiénes son y disfrutan de su experiencia. Están íntimamente conectados con la vida y con la sabiduría del corazón. Al conectar con la sabiduría de un animal puedes ver en ti esa misma conexión espiritual con todo lo que te rodea, puedes despertar y recordar la conexión que habita en todo ser vivo y no sentirte separado del resto.

No es casualidad que la palabra «animal» provenga del latín *animalis* y signifique tener alma ('anima'). Según indica su etimología, los animales están dotados de alma.

Los animales no han olvidado que son almas, a diferencia de muchas personas que parecen ignorar que también lo son. Y eso tiene muchas implicaciones en cómo viven los animales muchos procesos de vida de manera totalmente distinta a las personas. Por ejemplo, cómo viven el proceso de la muerte. Ellos saben que morir es parte de la vida, no tienen miedo a morir. Saben que no es el final, que es un renacimiento, es una transformación, porque no se identifican exclusivamente con su cuerpo físico; son conscientes de quiénes son y de que son más que ese cuerpo (materia) que vemos a través de nuestros ojos. Los animales entienden que el cuerpo es un vehículo que les permite experimentar aquí en la Tierra, y hacen un proceso de muerte y de sus últimos momentos con mayor conciencia, como parte natural del ciclo de la vida. Lo que ellos son, lo que tú también eres, nunca muere. Todos somos almas.

Todo y todos somos energía. Y a través de los animales se nos recuerda también la conexión espiritual inherente en todos los seres vivos, incluidos los seres humanos. Somos energía, somos frecuencia, más allá del cuerpo físico con el que nos hemos ido identificando de manera exclusiva.

Contesta a esta pregunta: ¿quién soy?

Piensa unos segundos en la respuesta. Quizá respondas diciendo: «Soy arquitecta, tengo mi propia empresa, tengo cuarenta años, estoy casada, y soy pintora en mis ratos libres». Y ahora te pregunto: ¿qué pasaría si perdieras tu empresa?, ¿qué pasaría si tuvieras una lesión en las manos que no te permitieran pintar nunca más?, ¿quién serías entonces? Ya no serías empresaria, ya no serías pintora en tus ratos libres... Entonces ¿dejarías de ser tú? ¿Crees que lo que verdaderamente eres puede cambiar con el tiempo?, ¿o quizá es imperecedero?

Nos hemos identificado con nuestra profesión, con nuestros logros, con nuestra personalidad, con el personaje que hemos construido para mostrar una imagen determinada al mundo, con nuestro cuerpo, con las posesiones que tenemos..., y entonces pasamos a sufrirlo (tanto si lo perdemos como si aún lo tenemos, pero tenemos miedo a perderlo). Nos identificamos con todo esto y generamos nuestra identidad, pero eso no es lo que somos. Somos algo más que lo que hacemos o lo que tenemos, somos algo inmutable en esencia. Somos algo que no está limitado, somos vida.

La sensibilidad hacia los animales está incrementándose exponencialmente en nuestra sociedad. Lo vemos en muchos ejemplos diarios: manifestaciones a favor de la igualdad animal, fomento de la educación canina respetuosa y en positivo, concienciación para la adopción de animales, creación de más santuarios de animales... Cada vez más personas tienen una alta sensibilidad hacia los animales y expresan esta sensibilidad al mundo para defender sus derechos. De nuevo, no creo que sea casualidad, pero quiero ir un paso más allá. Muchas personas están recuperando la verdadera conexión con los animales, y en muchos casos es a través de esta conexión que las personas se abren a recuperar la conexión consigo mismas, con todo lo que les rodea. Esa es la verdadera sanación que ocurre cuando se establece una auténtica conexión del ser humano con su animal de familia.

En los últimos años cada vez son más las personas que deciden compartir su vida con un animal. No me parece ninguna casualidad, pues ellos nos acompañan en ese recordar de quiénes somos. Ellos son nuestros compañeros de camino y de evolución.

Los animales se muestran desde su propia autenticidad. No tienen máscaras, no esconden nada, no tienen ego, y quieren que nosotros nos compartamos desde ese espacio de autenticidad, que conectemos con el corazón. Por eso nos cuesta tan poco mostrarnos tal y como somos cuando estamos en compañía de un animal, sin miedo a ser juzgados, sin miedo a abrir el corazón, incluso en momentos de máxima vulnerabilidad.

Los animales y el camino del sentir

Los animales nos conducen por el camino del sentir. Nos hacen una invitación muy directa para despertar a un nuevo sentir.

No tiene mucho sentido, pero muchas personas a veces no sabemos sentir. Somos seres sentientes, pero no sabemos o no nos permitimos sentir algunas emociones. Cuando aparecen emociones muy incómodas de sentir o muy intensas, intentamos huir de ellas para no sentirlas. Algunas de ellas son las denominadas emociones negativas, que consideramos como malas. No queremos sentirlas, las rechazamos, y en realidad lo que ocasionamos es que se queden estancadas y sintamos malestar porque no nos estamos permitiendo sentir eso que sin duda alguna sentimos. Abrirnos a vivir eso tal y como es, en coherencia, nos permite atender la emoción y que suceda la transformación. Sentir la emoción nos aporta paz, dejamos de luchar contra nosotros mismos y entramos en coherencia. Y ese no es un trabajo de la mente. La mente va a querer «protegerte» y te va a decir que no sientas determinadas emociones. Pero se trata del camino del sentir. Y los animales nos acompañan en este nuevo sendero. Ellos sienten lo que sienten, cuando lo sienten y de la manera como lo sienten. No rechazan sentir las emociones, ni se cuentan mil historias para no sentir tal cosa.

A veces nos cuesta sentir y expresar lo que sentimos. Y al observar a nuestros animales nos damos cuenta de que ellos sienten lo que sienten y no lo invalidan.

Nosotros sentimos mucha incomodidad ante determinadas emociones, pero no solo con lo que nosotros sentimos, sino con lo que los demás sienten. Por ejemplo, a través del dolor y la tristeza de los demás podemos conectar con nuestro propio dolor y tristeza. ¿Qué solemos hacer cuando vemos que alguien llora? ¿Qué hacemos cuando alguien se siente triste o se siente mal y se echa a llorar? Pueden suceder varias cosas, y algunas de las reacciones son un intento inconsciente de tapar esa emoción en el otro para no sentir nuestro propio dolor. Por ejemplo: podemos decirle a la otra persona «no llores», «no estés así», «no es para tanto»; podemos abrazarla o poner todo nuestro esfuerzo para detener ese llanto y hacer que la otra persona se sienta bien... Pero ¿qué tal si no hacemos nada, nos quedamos con ella y compartimos ese espacio? ¿Y si acompañamos a esa persona en su dolor? Eso los animales lo saben hacer muy bien. Ellos no invalidan lo que sentimos, nos acompañan. Nuestro animal se nos acerca, se nos pone en el regazo o nos dirige una mirada cálida para que sepamos que está allí con nosotros. Ellos solo están presentes para nosotros, a nuestro lado, acompañándonos en el dolor y sosteniendo ese espacio. No invalidan lo que sentimos y nos acompañan en esos momentos.

Los animales también nos animan a hacernos cargo de lo que sentimos. Si lo hacemos, podremos estar en paz con lo que sentimos. Y no me refiero a que sentiremos paz, sino que estaremos en paz con lo que sentimos (sea dolor, angustia, rabia...), porque es lo que estamos sintiendo a tiempo real. Ellos nos permiten ir a niveles más profundos y mostrarnos dónde no estamos en paz con lo que sentimos, para poder atenderlo y sanar.

Y estarás pensando: «Patricia, ¿qué tiene que ver todo esto con los problemas de convivencia con nuestros animales?». «Todo lo que has estado comentando ¿cómo va a ayudar a sanar a mi animal, y a que viva con mayor armonía y bienestar?». ¡Pues déjame decirte que puede tener mucho que ver! Más adelante observarás cómo los animales nos muestran de múltiples maneras nuestra desconexión del corazón, de nuestras propias emociones y del sentir. Nos muestran también de distintas maneras nuestro desconocimiento de quiénes somos, nuestras incoherencias... Porque todo eso les puede afectar a ellos en el día a día, resonando con nosotros y con la familia, pudiendo tener efectos en problemas de convivencia, problemas de comportamientos, problemas de salud... Los animales nos van a expresar, a su manera, aquello que debemos cambiar en nuestra relación con ellos y con nosotros mismos, si estamos dispuestos a verlo.

CAPÍTULO 2

Los animales «hablan» todo el tiempo

¿Cuántas veces has mirado a tu animal y has pensado: «¿Y si pudiera hablar?», «¿Y si pudiera contarme lo que le pasa?», «¡Ojalá pudiera hablarme!»?

De lo que no nos damos cuenta es de que los animales nos están «hablando» todo el tiempo, nos están comunicando continuamente, pero los humanos no estamos atendiendo las múltiples maneras en las que los animales nos intentan expresar cómo se sienten, sus emociones, sus preferencias, sus mensajes...

Las personas solemos atender exclusivamente esa pequeñita parte de la comunicación que se expresa solo a través de las palabras, a través de un lenguaje humano concreto, pensando que no hay otra manera de comunicarse, excluyendo la posibilidad de que los animales sí que «hablan» o en realidad se comunican. Además, al estar desconectados de nuestra esencia y de lo que somos en realidad, nos perdemos gran parte de la comunicación sutil que sucede a cada instante presente junto al animal.

Los humanos hemos llegado a elevar nuestro intelecto y nuestra habla (el lenguaje verbal) por encima de cualquier otro tipo de comunicación y nos hemos alejado y desconectado del corazón. Y los animales vienen a mostrarnos que desde esa conexión con nuestro corazón es desde donde podemos comunicarnos telepáticamente con nuestros animales y recibir sus «palabras», así como captar mucha otra comunicación sutil a través de sus gestos y los sonidos que emiten.

Los animales comunican de múltiples maneras, y si atendemos esas maneras de comunicación podremos comprender los mensajes y establecer un diálogo con nuestros compañeros animales.

Los animales se comunican entre ellos a través de:

+ La comunicación corporal.
+ La comunicación vocal y auditiva.
+ La comunicación olfativa y química.
+ La comunicación telepática o intuitiva.

Todo este tipo de lenguaje o de comunicación no solo se usa entre los animales de una misma especie, sino también entre las distintas especies de animales humanos y no humanos.

Para muchas personas algunas de estas comunicaciones que he mencionado son desconocidas, y es importante aprender de ellas no solo para comprender cómo los animales se comunican con nosotros, sino también para comprender cómo nosotros podemos devolverles esa comunicación para que sea coherente y bien entendida.

La mayor parte de los conflictos que se generan con los animales de nuestra familia son justamente porque no sabemos comunicarnos de manera adecuada con ellos. No comprendemos su comunicación y no les devolvemos esa comunicación, y eso les genera mucho estrés e incomprensión.

Algunas de estas comunicaciones que expondré a continuación necesitarán de nuestra profunda observación, comprensión e incluso de una adecuada formación con profesionales, según la especie de animal con la que se conviva en casa.

La comunicación corporal

Este tipo de comunicación incluye todos los movimientos y gestos corporales del animal. Mi objetivo no es explicar la comunicación corporal de los animales, en primer lugar porque no es mi materia ni soy especialista en el tema, y en segundo lugar porque se necesitaría un libro entero para ello y para cada especie. Pero sí que creo muy relevante explicar la necesidad de estudiar la comunicación corporal de cada especie para entender lo que el animal nos trata de transmitir, porque es el lenguaje más directo que usan constantemente ante cualquier situación en el día a día y es imprescindible para poder comprender a nuestros animales. Un buen vínculo con el animal y una correcta comunicación ayudará ante cualquier problema que ocurra, permitiéndole vivir en armonía.

Sugiero que te informes y aprendas sobre la comunicación corporal de tu animal: señales de calma, señales de aviso, señales de amenaza...

A continuación expondré algunos ejemplos hipotéticos con los que nos podríamos encontrar, para mostrar de forma más clara que si no se entiende la comunicación corporal del animal y no hay una correcta comunicación de respuesta por nuestra parte, probablemente derive en problemas en la convivencia.

CASO 1

Te mueres de ganas de acariciar a tu perrita. Cuando empiezas a acariciarla, ella comienza a pestañear sutilmente; luego, a lamerse la nariz..., pero tú sigues acariciándola. Ella empieza a girar la cara, y al ver que tú sigues tocándola ella opta por lamer tus manos y, por último, bostezar.

→ No te has dado cuenta de que todos esos gestos corporales que hacía tu perra eran señales de calma, y con eso te estaba intentando decir de forma amable que pararas de acariciarla porque se estaba sintiendo incómoda. Pero al no comprender sus señales de calma, sigues acariciándola, sin respetar lo que te está pidiendo la perra para sentirse cómoda ante esa situación.

Si no se respeta la comunicación de un animal cuando pide que paren de tocarlo, de manera amable como en este ejemplo, eso puede ir derivando con el tiempo en mayores problemas, como no querer que lo toquen tan a menudo, estar incómodo, debilitar el vínculo con su responsable, y en ir ampliando el repertorio de señales con signos de aviso o de amenaza, hasta derivar incluso en agresividades. Tenemos que ser conscientes de que estos problemas se han originado por no haber respetado la comunicación del animal. Ellos no se comunican igual que los seres humanos, y es nuestra responsabilidad el formarnos en el lenguaje de su especie.

CASO 2

Vas a visitar a tu amiga y al entrar en su casa ves a su gato que te está mirando fijamente desde una cierta distancia, moviendo la cola de manera lateral con nerviosismo. Tu amiga te cuenta que es un gato con miedo a las visitas. Tú caminas de frente hacia el gato mientras lo miras y le vas hablando con tono elevado diciéndole que «¡no pasa nada!», y decides tocarlo. El gato te bufa y se va corriendo.

⟶ El gato te estaba mostrando con la posición de su cola que se sentía incómodo, y en vez de respetar su espacio lo has invadido y le has hecho sentirse amenazado, por lo que no ha tenido más remedio que bufar. Una forma amable de comunicarte con el gato hubiera sido la siguiente: evitarlo, agacharte de lado y no hablarle. Podrías girar la cara y desviar la mirada siempre de manera natural, mirándolo y volviendo a bajar la mirada sin mantener contacto visual con el gato. También, por ejemplo, moverte muy lentamente por la casa, no ir de cara hacia el gato, sino más bien en semicírculo, y, siempre que sea posible, evitarlo. Todo ello es una manera de decirle al gato que no vas a hacerle nada. Sería importante ser coherente y, por lo tanto, no tener intención de tocar al gato en ningún momento.

Una vez más, ante este tipo de situaciones, el comportamiento del gato puede empeorar si no respetamos sus necesidades y su comunicación. Tenemos que comprender que la necesidad de contacto puede ser distinta. Nosotros somos homínidos y, a diferencia de los felinos o cánidos, nos abrazamos entre nosotros como una forma de demostración de afecto y cariño, pero para otras especies con las que convivimos este tipo de contacto puede ser una amenaza para ellos.

La comunicación vocal y auditiva

Gruñidos, maullidos, ladridos, gemidos, jadeos...

Como muchas veces las personas no nos enteramos de lo que nos quiere decir el animal a través de su lenguaje corporal debido a nuestro desconocimiento, los animales han ido desarrollando más y más la parte vocal. Esta suele ser una de las comunicaciones que mejor les funciona para que nos demos cuenta de que algo les pasa o hay algo que nos quiere contar.

En algunas de estas comunicaciones vocales, como por ejemplo los gruñidos o ladridos, es importante dejar que el animal se exprese, no hay que castigar este tipo de comunicación vocal ni corregir. En vez de reñir y de intentar que cese esa comunicación cohibiéndolo, lo que debemos hacer es respetarla, comprender qué sucede y ver en qué podemos ayudarlo para que no sea necesario que gruña o que ladre sin cesar con el estrés que eso le conlleva. Si no se respeta su comunicación y no se comprende lo que está pasando, pueden iniciarse los problemas, porque no se ha sabido ayudar al animal ni comprender lo que le sucedía en realidad.

La comunicación olfativa y química

¿Alguna vez has oído que un animal puede oler tu miedo? Pues así es, porque huelen las hormonas que desprendes. Si tienes miedo, desprendes hormonas del miedo o estrés (adrenalina), el corazón se te acelera y te late más deprisa, aumenta tu presión arterial, se te dilatan las pupilas, te tensas en distintas zonas del cuerpo, se contraen los vasos sanguíneos...

Por eso siempre digo lo siguiente: nunca puedes mentirle a un animal. Por más que intentes ocultarle algo, él lo siente todo. Puedes ponerte una coraza y simular estar tranquilo ante una situación de tensión o de inseguridad, pero verá en qué estado estás (especialmente lo huele, aunque también percibe si tus movimientos, por ejemplo, son más nerviosos, tu vocalización, la dilatación de tus pupilas y otros aspectos energéticos). Los animales huelen nuestros estados emocionales.

Como los humanos no tenemos el sistema olfativo tan desarrollado como los animales, no podemos llegar a comprender hasta qué punto pueden sentir tantas cosas a su alrededor a través del olfato, y la intensidad que supone para ellos todo lo que perciben mediante la nariz. Las personas percibimos el mundo principalmente por la vista, un mundo de colores; en cambio, los animales viven en un mundo de olores, sobre todo muchos de los que conviven con nosotros, como perros, gatos, roedores, caballos...

A través de su olfato, un animal percibe cualquier estado emocional de la persona: estrés, miedo, nerviosismo, inquietud..., y esto es especialmente importante para tener en cuenta cuando se convive con un animal que no está equilibrado, que tiene miedos o inseguridades. Si a su lado tiene a una persona insegura, él se alimentará de esa inseguridad.

Mi perro Merlot es mi gran maestro en este aspecto. Cuando lo adopté presentaba comportamientos agresivos desde el momento en el que llegó a mi hogar, tanto hacia las personas como hacia otros perros. Los primeros años fueron duros. Recuerdo que muchas veces acabé llorando de la impotencia, porque no sabía qué hacer, ya que era un perro imprevisible y nunca sabía cuándo iba a reaccionar. Tenía muchos frentes abiertos: problemas con los manipulados y el contacto (me mordía si le ponía un arnés o cuando lo acariciaba), conductas de control y protección, insistencia, exigencia, poca tolerancia a la frustración, altos niveles de estrés, problemas en la calle, reactividad al movimiento, miedo a los ruidos, miedo a las personas, sobreestimulación, etc. Trabajé durante mucho tiempo todos estos aspectos a través de la educación canina en positivo (aún sigo trabajando en algunos de ellos), pero llegó un punto en el que con Merlot no avanzaba más, y entonces tuve que empezar a mirar hacia mí misma, mirar hacia dentro, trabajar la confianza y seguridad en mí misma. Y en eso sigo... Si Merlot tenía que seguir avanzando, él debía verme como un referente de confianza y «trabajar» mis propios miedos. Es el gran trabajo por el que siento que Merlot llegó a mi vida, entre muchos otros, así como para formarme y adquirir experiencia en conductas de este tipo, para poder acompañar y ayudar a otros perros.

Volviendo al tema del gran olfato de los animales: el olfato les sirve de gran ayuda incluso para recibir información sin necesidad de que eso a lo que huelen esté allí presente físicamente. Un ejemplo, como muchos otros, sería el gato que lo pasa muy mal cuando va al veterinario, y su otro compañero gatuno reacciona ante su llegada a casa después de la visita. ¿Qué ha provocado esta reacción? Entre muchas otras posibilidades, una de ellas podría ser que el felino que estaba en casa ha olido las feromonas de alarma del recién llegado, es decir, ha olido el gran estrés que este ha sufrido cuando ha estado en el veterinario y en el trayecto hacia allí, y eso ha puesto en alerta al gato que se había quedado en casa como si estuviera en peligro, especialmente cuando las feromonas han sido secretadas por las glándulas anales.

En estos casos es recomendable limpiar bien el transportín para que no queden en él restos de esos olores de alarma y eliminar la información de estrés. También es importante dejar el tiempo y espacio necesarios al gato recién llegado del veterinario para que él mismo se acicale y se lave poco a poco y así vaya eliminando las feromonas y recuperando su propio olor. Esta situación podría darse en casos de gatos que no están equilibrados, por ejemplo.

Las feromonas son sustancias químicas liberadas y secretadas por muchos animales en distintos lugares del organismo. Son señales volátiles presentes en los fluidos, que *a posteriori* se dispersan por el ambiente. Estos olores transportan información de todo tipo: social, territorial, sexual, comida, miedo, inseguridad, etc. Gracias a ellas, un animal puede saber todo tipo de información de la persona que ha estado hace horas en el mismo lugar donde ahora se encuentra él. El animal huele el rastro de información que ha dejado esa persona por el sitio que pasa (a través de lo que el individuo ha tocado, un objeto que ha tirado, el suelo que ha pisado...). Sin necesidad de que la persona esté presente físicamente en ese momento, el animal sabe su estado emocional, si es amigable, si está en buen estado de salud o si tiene algún tipo de enfermedad, si es una mujer que está embarazada...

La comunicación telepática o intuitiva

Hasta ahora hemos visto tres tipos de comunicación: la corporal, la vocal y auditiva, y la olfativa y química. Existe una cuarta comunicación en la que profundizaremos en el siguiente capítulo: la comunicación telepática o intuitiva, también denominada comunicación animal. Veremos cómo a través de este lenguaje universal común para todas las especies puedes escuchar a tu animal de manera profunda de corazón a corazón, y uniros en un viaje de mayor comprensión y autodescubrimiento.

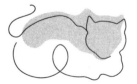

CAPÍTULO 3

Comunicación telepática animal

La comunicación telepática animal, también llamada comunicación intuitiva o comunicación animal, es una comunicación de corazón a corazón. La telepatía no es algo mental, como muchas personas creen. En realidad es algo que sucede, como apuntaba, en el corazón.

La etimología de la palabra así lo indica. Sus raíces son griegas y está formada por dos palabras: «tele», que significa 'lejos', y «patía», que quiere decir 'sentimiento, sentir'. «Telepatía» significaría, pues, sentir al otro a lo lejos. Implica pasar por el corazón para poder sentir al otro en la distancia.

La funcionalidad del corazón va más allá de ser un músculo que bombea sangre por el cuerpo. Nuestro corazón (las neuronas del corazón) recibe la información que nos transmite el animal, la almacena y nuestra mente hace de traductor simultáneo, y puede traducir todo lo que el animal quiere transmitirnos en «palabras humanas», entre muchas otras cosas.

Algunos estudios científicos ya apuntan a que el corazón tiene mente propia (el corazón tiene autonomía, piensa y es capaz de tomar decisiones, aunque su funcionamiento parece ser aún un misterio para los científicos). Pues bien, el corazón es capaz de emitir mensajes que podemos recibir usando nuestra intuición previamente entrenada y, por tanto, iniciar un diálogo entre dos corazones para recibir y enviar información entre las distintas especies de animales (no humanos y humanos).

A través de la comunicación animal pueden recibirse no solo palabras, sino también distintos tipos de información: imágenes, olores, sonidos, sensaciones, emociones... Con todo esto podemos percibir lo que el animal quiere expresar, e iniciar un diálogo bidireccional.

Somos energía, todo es energía, y en el espacio de consciencia compartida con el animal estamos todos conectados y se da ese intercambio energético compartiendo información por ondas. No olvidemos que las palabras tienen una vibración. Nos llega esa información, esa vibración, que nuestro cerebro traduce en palabras para nuestra comprensión.

Lo mismo sucede, por ejemplo, con los colores. Aunque los animales no ven o no distinguen los colores de la misma forma que nosotros, en algunos casos nos llegan a transmitir a través de la telepatía el color que las personas percibimos, ya que el color también emite una vibración.

En mi caso particular, al principio me llegaban muchas imágenes y pocas palabras, casi todo lo que recibía eran imágenes exclusivamente. A medida que fui practicando pude ir recibiendo frases y diálogos completos que se iban complementando con alguna imagen puntual. Por lo que he podido comprobar hasta ahora, esto les suele pasar a la mayoría de las personas, y se trata de entrenar, ponerle muchas ganas, compromiso y dedicación.

Además, en mi caso pueden llegarme imágenes reales, es decir, imágenes que representan la realidad física tal y como la vemos, o imágenes simbólicas o figuradas. Por ejemplo, cuando siento que en la familia o en el animal hay un sentimiento de nostalgia, a veces veo una imagen de alguien sentado mirando desde la ventana.

Cada persona tiene su propia manera de comunicar, y con el tiempo hay que entrenar y comprender la manera que cada uno tiene de recibir y procesar la información intuitiva.

También cada animal comunica a su manera. Al igual que lo hacemos las personas, cada animal comunica de manera distinta. Los habrá más «parlanchines», nos darán detalles más concretos, o serán más escuetos, más emocionales, más pragmáticos, más cautelosos, más sutiles... Algunos nos dan mensajes más prácticos para el día a día, y otros, mensajes profundos que llegan al alma.

Quiero aclarar que cuando expreso que los animales nos «hablan todo el tiempo», no quiere decir que estén con la necesidad de estar comunicando o expresando continuamente. Ellos sencillamente están, en estado de presencia. Un animal puede mirarte a los ojos y no querer decir nada, solo experimentar una conexión sutil y energética contigo. A eso le podríamos llamar de alguna manera «estar presente».

¿Alguna vez te has parado a escuchar el silencio? Ese silencio donde se hallan todas las respuestas, ese silencio donde la mente para de buscar y donde puedes conectar con tu voz interior... Hay mucha comunicación en el silencio, pero las personas estamos tan distraídas que necesitamos razonarlo todo y buscar respuestas a todo a través de la mente.

«Si no lo veo no lo creo»

Parece que las personas aún necesitamos pruebas tangibles, necesitamos estudios científicos para demostrarlo todo. No se trata de creer, se trata de experimentarlo. Los hechos hablan por sí solos. Lo mismo sucede con la comunicación telepática animal; se trata de experimentarlo por uno mismo, abriéndose de corazón.

Tania me contactó para que comunicara con su gata Bimba. Aunque la veía una gata muy feliz, quería hacerle ciertas preguntas sobre su bienestar. Comuniqué con Bimba un buen rato y al finalizar la conversación le pregunté si quería expresar algo más para terminar. Bimba me dijo de manera muy contundente que debían fumigar. Yo le pregunté: «¿Cómo? ¿Fumigar?». No comprendía muy bien lo que me quería decir, pero acto seguido Bimba me mostró una imagen de ella misma intentando atrapar con su patita varios bichos. Yo le pregunté que si no le parecía entretenido atrapar a los bichos debido a su instinto cazador, pero la gata me transmitió que ella no cazaba a los bichos, que eso solo era un «juego» para ella, y que quería que su casa estuviera bien limpia y que por ello su familia debía fumigar.

Recuerdo con mucho cariño la reacción de Tania, la responsable de la gata, al recibir la comunicación. Estaba muy emocionada, y ya no tenía ninguna duda de que era su gata la que transmitía la información, porque después de la comunicación me contó que, efectivamente, en un armario de su casa tenían bichitos de la carcoma, con los que Bimba, en efecto, jugaba a atraparlos aunque no los mataba.

Este otro caso es el de Carmen y su perrita Shira. Carmen estaba un poco preocupada por algunas dolencias físicas que sufría su perra y quería saber si estaba bien y qué podía hacer para que Shira fuera feliz. Mientras yo comunicaba y hablaba de todo ello con la perra, esta me mostró en varias ocasiones una imagen de un globo. Yo no comprendía muy bien esa imagen del globo, pero se lo informé a su persona por si a ella le resonaba. Cuando transmití a Carmen la información, ella no comprendía tampoco lo del globo, pero al cabo de unas horas me escribió muy emocionada. Carmen me contó que cuando llegó a su casa, al abrir la puerta, se encontró un globo enorme que había comprado un familiar suyo mientras ella estaba fuera trabajando, y vio a Shira sentada en el sofá delante del globo. Carmen nunca había dudado de la comunicación animal, de hecho, era la segunda comunicación que había realizado con su perra en un periodo relativamente corto, pero el pequeño detalle del globo le confirmó con aún mayor certeza que era Shira quien transmitía la información. Sencillamente, la emocionó.

Los animales no siempre nos dan detalles que nos hagan hacer el clic y darnos cuenta de que son ellos quienes están transmitiendo la información. Esta nunca debería ser la intención para querer comunicar con un animal. Recuerdo una persona que me dijo una vez que quería comunicar con su animal y que yo le diera detalles muy concretos para convencer a su pareja de que su animal realmente podía comunicar. Estos son algunos ejemplos en los que por mi ética explico a la persona que lo único que yo procuro en una comunicación es que el animal exprese todo aquello que desee y sea exclusivamente para su bienestar y beneficio, sin tener en consideración los intereses personales que excluyen al animal de la herramienta terapéutica.

En beneficio del animal

Una comunicación animal debería realizarse única y exclusivamente para el bien más elevado del animal, con el fin de querer escucharlo en todo aquello que necesite expresar para su bienestar. No se debería comunicar con un animal para curiosear, cotillear, sacar información sobre otras personas por interés propio, para hacer acusaciones, etc.

La comunicación tampoco sirve para decirle y ordenar al animal que haga algo, sino para entender qué es lo que este tiene que expresar ante una situación, comprender mejor su circunstancia desde su punto de vista y así encontrar un punto común de entendimiento en la familia. Lo que sí es adecuado es transmitirle mensajes al animal para llegar a un mayor entendimiento y cooperación.

El animal lo vive todo desde su propio punto de vista. Las dos visiones (la del animal y la de la familia con la que convive) no siempre tienen por qué coincidir. Es muy enriquecedor ver la vida desde los ojos del animal, para comprender cómo vive el mundo y cómo podemos ayudarlo poniéndonos en su piel.

Uso terapéutico de la comunicación telepática animal

En la comunicación animal le damos a este la oportunidad de ser escuchado y expresar todo lo que desee, para poder entender cómo vive y siente todo lo que sucede a su alrededor. Así podemos comprender con más profundidad sus necesidades para poder mejorar la relación con su familia y sus responsables, y mejorar la convivencia de toda la familia.

Cada animal es un individuo único, con su carácter, sus

vivencias, sus formas de ver la vida, sus maneras de pensar y sentir, sus elecciones y decisiones... La comunicación animal es una herramienta terapéutica que ayuda a comprender al animal, observando todo desde su perspectiva, comprendiendo realmente cómo vive determinadas situaciones en casa y fortaleciendo vuestro vínculo.

Las comunicaciones pueden realizarse a distancia, es decir, no se necesita de la presencia física del animal, sino que se es posible hacerlas también mediante fotografías. Recuerda lo que hemos dicho al inicio: somos energía, y la energía no tiene límites ni fronteras. A través de los ojos del animal y de sus fotones, y conectando con su corazón, podemos conectar con el animal y su energía.

Personalmente, hasta ahora, prefiero hacer las comunicaciones a distancia, porque me permite un estado de mayor presencia y conexión, sin interferencias visuales o de ruidos que me distraigan, y así puedo hacer mis protocolos previos meditativos.

Nada que aprender, todo por recordar

La comunicación telepática animal no es ningún don, no es algo que se les ha dado a unos pocos, sino que es una capacidad que todas las personas tenemos. Es una comunicación innata, con la que todos los seres humanos nacemos, que nos permite comunicar entre las distintas especies, pero que hemos olvidado.

El lenguaje universal de la comunicación telepática siempre ha existido, incluso antes de que empezáramos a comunicarnos mediante el lenguaje verbal, pero lo tenemos dormido y debemos recordar. La comunicación entre especies es tan antigua como el ser humano. Los chamanes de América del Sur y de Siberia ya hablaban con los animales, con la Pachamama (la tierra), con las plantas...

En la actualidad, el ser humano, a diferencia de los chamanes y las tribus antiguas, está más desconectado de todo lo que le rodea y de su propia esencia, y debe recordar esta capacidad innata de comunicar telepáticamente, aunque al principio pueda requerir de cierta práctica.

Algunas personas que se interesan por comunicar con sus animales me preguntan cómo se puede aprender a comunicar. Y es que la comunicación telepática no se aprende, no hay nada que aprender, se trata de despertar esta capacidad innata que hemos tenido adormecida durante tiempo.

Actualmente hay muchas profesionales comunicadoras entre especies que hacen formaciones para ayudar a recordar este lenguaje universal, así que te animo a hacerlo si así lo sientes para emprender un viaje de reconexión con el corazón. Se trata de ayudar al cerebro a que pase a la parte consciente la información que se queda en el inconsciente, para que así tu cerebro coja esta información y la traduzca a «lenguaje humano» para que puedas comprenderla.

Hay quienes me preguntan en qué idioma me comunico con el animal. Se cuestionan si el animal me va a comprender si le «hablo» en otro idioma al comunicar telepáticamente. En realidad eso no importa. Como he dicho, la comunicación animal telepática o intuitiva es un lenguaje universal que conecta a todos los seres. Cada comunicadora descodificará la información que recibe del animal en su propio lenguaje, el que conoce; en mi caso, por ejemplo, en castellano o catalán, pero eso no quiere decir que el animal me esté «hablando» en este lenguaje, sino que mi cerebro traslada a mi idioma la información del animal para que sea comprensible para mí y para la persona que recibe la comunicación.

Quiero puntualizar que una comunicación telepática animal no se trata de una canalización. Hago este hincapié porque algunas personas en ocasiones han podido confundir mi trabajo con una canalización. Una canalización es una conexión espiritual con guías, maestros ascendidos, ángeles u otras entidades que se encuentran en planos superiores para recibir información o sanación. En cambio, cuando se realiza una comunicación telepática animal se comunica con el animal directamente. Como si se tratara de dos personas que están hablando, también se «habla» de persona a animal. Puede suceder que al comunicar telepáticamente con un animal, llegues a comunicar con su ser superior, con su ser interno o con una versión más elevada de su ser. Eso dependerá del nivel evolutivo o de consciencia del animal, y del mensaje que necesite, quiera o pueda transmitir.

Nunca he contado mis inicios en la comunicación animal porque después de varios años aún no he sido capaz de poner palabras a todo lo que experimenté y que me llevó a esta preciosa labor de la comunicación animal. No sé adónde me llevará el camino, pero deberé seguir escuchando a mi corazón a cada instante para seguir adelante. Presiento que mi sendero seguirá siempre cerca de los animales, a los que tanto les debo.

Finalmente me he animado a contar mi historia (o lo más próximo que pueda expresar con palabras) por si inspira a esas personas que no se lanzan a comunicar porque no se sienten capaces, o porque creen que deberían haberlo hecho conscientemente desde pequeñas, o creen que es algo que requiere de capacidades especiales.

Yo no comuniqué (de manera consciente) hasta los treinta y cuatro años y nunca me planteé si sería capaz o no de hacerlo, pero el destino me hizo llegar por «casualidad» (nada es por azar) a una clase de iniciación a la comunicación animal que impartía Olga Porqueras, y allí todo empezó a «ponerse patas arriba» en mi vida. No estaba previsto, pero en el curso se me apareció de manera espontánea mi primer perro, con el que solo había compartido tres días de mi vida. Se llamaba Laskie.

Os voy a contar la historia de cómo Laskie llegó a mi vida y se marchó rápidamente... Faltaba un día para mi quinto cumpleaños, cuando me atropelló un coche en la acera y tuve que estar un tiempo en recuperación, no solo por las secuelas físicas, sino también por las psicológicas y emocionales que me causó el accidente. Solo tenía cinco años. Me despertaba en mitad de la noche llorando, tenía pesadillas en las que me moría y además tenía muchos dolores. Como la recuperación estaba siendo dolorosa, para animarme en el proceso mi madre me dijo que pidiera lo que más deseara. Elegí compartir mi vida con un perro, y así fue como Laskie llegó a nuestras vidas, un cachorro adorable que no paraba de buscar juegos y afecto. Al cabo de unos pocos días, Laskie actuaba de forma extraña y pronto mi familia se dio cuenta de que estaba enfermo, y lo devolvieron porque temían que yo me encariñara del perro y que acabara falleciendo, lo que causaría más experiencias traumáticas a las que yo ya había vivido recientemente.

Sé que mi familia actuó de la mejor manera que supo en esos momentos. Ellos no tenían mucha concienciación animal, al igual que yo no la tuve hasta una edad más avanzada. Ahora todos comprendemos que un animal no es un objeto que se devuelve o se intercambia, pero en esos momentos mi familia solo pensó en que esa era la mejor decisión para protegerme. Fuimos a elegir otro cachorro, con un aspecto totalmente diferente para que no me recordara a Laskie. Desde entonces no supimos nunca más de Laskie, ni qué fue de él. Llegó y rápidamente se fue de mi vida.

Pues bien, desde los cinco años que yo no había vuelto a pensar conscientemente en Laskie y los pocos días que compartí junto a él. Cuando apareció en la meditación que estábamos realizando en el curso de comunicación animal, me eché a llorar. No me lo podía creer, ¡era Laskie! Apareció Laskie y me mostraba un regalo que tenía para mí. Me entregó el regalo. Yo lo abrí y era mi luz. Él me entregó mi luz. Fue una experiencia que aún hoy me emociona.

Y desde ese día en el que Laskie apareció en una visualización, todo empezó a ponerse patas arriba en mi vida. Esa misma noche, después del curso, empecé a recibir mensajes de distintas formas y planos. Y al cabo de un mes me fui de viaje a Sri Lanka, un viaje que cambiaría mi vida.

Quiero puntualizar que antes de empezar a experimentar con la comunicación animal, concretamente un año antes, sin saberlo ya me había estado preparando para todo lo que vendría. Aunque, claro, todo se ve con más claridad si miramos hacia atrás y conectamos los puntos recorridos en el camino, para comprender y observar la preciosa sincronicidad de la vida.

Había llegado un punto en mi vida en el que estaba harta de sufrir: problemas constantes conmigo misma y con mi entorno, un cáncer, negocios fracasados... La vida no paraba de enviarme mensajes claros de que algo no iba bien en mi interior. Lo había intentado todo, pero no era feliz, me sentía cansada y perdida. No sabía cuál era mi lugar en el mundo, y estaba harta de sufrir desde que era una niña. Cuando tomé la decisión de que no quería sufrir más y que me responsabilizaba de mí misma, empezaron a llegar a mi vida personas, experiencias, talleres, charlas, libros sobre distintos trabajos energéticos y trabajos de autodescubrimiento..., y me decidí a atenderme e iniciar mi propio trabajo personal. Fue un año muy intenso en el que yo fui mi propia prioridad para descubrirme y conocerme. Siento que aunque el trabajo no acaba y sigo en ese proceso de reconocimiento de quién soy, ese año pude liberar ciertos bloqueos y sanar ciertos aspectos de mí misma que permitieron abrirme a la experiencia de comunicar telepáticamente con animales. Yo nunca tuve intención de dedicarme a ello, pero los animales me mostraron el camino y yo solo tuve que echarle valor y seguirlo.

Cuando llegué a Sri Lanka, un mes después de mi primer curso de comunicación animal, para mí fue un shock ver a tantos perros en tan malas condiciones viviendo en las calles. Me chocó especialmente el contraste: en un país de veintidós millones de habitantes, había aproximadamente tres millones de perros callejeros, gran parte de los cuales sufrían desnutrición, enfermedades, infecciones, extremidades amputadas... Muchos de ellos tenían parálisis en las patas traseras o grandes heridas abiertas debido a accidentes de tren, autobús o tuk-tuk (triciclo motorizado). Ante esa situación me sentí impotente y no sabía qué podía hacer. Cada día me llevaba un par de kits de comida en mi mochila para alimentar a los perros más desnutridos. Aunque no servía de mucho, me hacía sentir algo más tranquila pensando que estaba aportando mi parte. Intentaba mantener un equilibrio entre disfrutar del viaje (¡era mi luna de miel!) y atender a algunos de los perros en lo poco que yo podía hacer: con comida y con mi presencia y atención, pues muchos de ellos parecían ser ignorados por las personas y apreciaban mucho la compañía y el contacto humano. Tengo que decir que desde que llegué a Sri Lanka, ya el primer día tuve una conexión con el lugar y sus templos que no puedo expresar con palabras. Me quedaba de pie petrificada en algunos templos, sintiendo la energía del lugar, llenándome de ella, sin poder moverme ni articular palabra. En algunos templos, mi marido (de aquel entonces) me decía de seguir avanzando con la visita, pero yo no podía mover mi cuerpo y necesitaba estar varios minutos estática para poder asimilar e integrar la energía del lugar. Tuve una conexión muy profunda con el lugar, con su gente y con los animales.

Nuestro guía no tenía mucha afinidad con los perros, como muchas personas del país, pero no le di más importancia, no juzgaba su situación (puede resultar muy fácil juzgar al otro cuando no estás en su posición, en su cultura, en su manera de vivir, en sus condiciones de vida). Yo solo me limité a mostrarle con mis actos el amor que sentía por los perros y mi respeto hacia ellos. Cuando veía a algún animal muy desnutrido, le pedía a nuestro guía parar el coche para dejar comida y proseguir nuestro camino. El guía alucinaba al principio y no entendía por qué lo hacía..., pero se fue acostumbrando y poco a poco incluso él mismo veía a un perro en muy mal estado y me decía: «Mira, Patricia, puedes darle la comida a ese perro». Me pareció muy bonito que él se fuera involucrando y que, a su manera, fuera cambiando la percepción que tenía de aquellos animales.

Tuve experiencias intensas con algunos de los perros de Sri Lanka, pero fue uno en especial el que me hizo tener el valor de cambiar mi vida, seguir a mi corazón y a mi voz interior. Fuimos a visitar un templo con jardines a su alrededor en Tissamaharama, una ciudad no turística donde casualmente vivía nuestro guía. Me descalcé para empezar la visita y, mientras me dirigía a un camino que llevaba a una estatua de Buda, tuve el impulso de mirar hacia mi izquierda, como si una energía muy fuerte me impulsara a girar la cabeza aunque aparentemente no hubiera nada allí, y de entre unos matorrales que había a algunos metros de distancia apareció un perro que vino hacia mí arrastrándose con sus patas delanteras. Sentí algo inexplicable, una conexión con él de alma a alma, una conexión que no había sentido hasta entonces con ninguno de los perros con los que me cruzaba, y cuando nos miramos supe de manera intuitiva y espontánea que ese animal me estaba pidiendo que le sacara de allí porque próximamente se iba a morir.

Le pedí a mi marido una fotografía para mostrársela a alguien que nos pudiera ayudar. Sentí que debía hacer algo por aquel perro, debía buscar ayuda como fuera. Pese a que estaba paralítico y muy delgado, no presentaba signos aparentes de enfermedad grave, pero sin saber cómo, yo sabía que se moriría y que él me estaba pidiendo que lo sacara de allí y que lo ayudara. Empecé a buscar por internet veterinarios, pero solo encontré un par (que además no sabía si existían realmente porque no ponía ni horarios ni contacto exacto) y estaban a muchas horas de distancia. Busqué entonces asociaciones o santuarios, y encontré el único que había en el país: Animal SOS Sri Lanka, que estaba a unas cinco o seis horas de distancia. Por el itinerario que teníamos programado del viaje, en cuatro días llegaríamos a un lugar cercano al santuario, así que iríamos allí para hablar con ellos (intenté escribirles; pero, al no recibir respuesta, preferí ir en persona).

Sentí algo con ese perro que no puedo llegar a expresar. Era como él y yo ya nos conociéramos de antes. ¿Cómo un encuentro de solo unos minutos pudo moverme tanto por dentro? ¿Cómo se puede experimentar tanto dolor y a la vez tanta unidad y conexión con un ser?

Cuando me despedí del perro y me fui llorando por el camino que llevaba a la estatua de Buda, en esos instantes, entre sollozos, lancé una petición y una promesa que salió de lo más profundo de mi alma: «Ayúdame a servir al reino animal. Quiero servir al reino animal».

Al día siguiente, antes de marcharnos hacia otra ciudad,

fuimos a visitar de nuevo el templo para ver si el perro seguía allí y de paso llevarle comida. Cuando lo encontré y me acerqué, él empezó a chillar y llorar, como pidiéndome de nuevo que le sacara de allí. Le puse la mano en la cabeza e intenté calmarlo, le dije que volvería a por él, que necesitaba encontrar a alguien que nos pudiera ayudar, porque yo sola no sabía cómo hacerlo. Le dejé delante una bandeja de comida, e intenté que comiera, pero no quería comer, dejó de llorar, hizo un resoplo y bajó la cabeza. En ese momento sentí que él sabía que yo lo dejaría allí. Era como si él supiera que su única oportunidad de salir con vida se había desvanecido.

Había unos chicos que vigilaban el lugar, y con ayuda del guía les pedí que vigilaran al perro porque intentaríamos volver a por él para ayudarlo. Al cabo de cuatro días llegamos al santuario, situado cerca de la famosa zona de playa Mirissa. Animal SOS Sri Lanka contaba con mil seiscientos perros en sus instalaciones (en aquel entonces) y asistía a miles de perros en sus calles desde 2009. Insistiendo mucho conseguí que nos dejaran entrar en el santuario. Al finalizar la visita con uno de sus voluntarios, le dije que cuando volviera a Barcelona recaudaría dinero para la asociación. Antes de marcharnos, le enseñé la foto del perro y le dije que necesitaba ayuda, que estaba en peligro y era importante que lo acogieran en el santuario. Yo entendía que había muchos perros necesitados en el país y que no podían hacerse cargo de todos, pero le expresé que ese perro realmente precisaba ayuda. Le comenté que yo pagaría todos los costes del traslado y los gastos de su estancia en el santuario de manera indefinida, que era lo mínimo que yo podía hacer. El voluntario revisó la fotografía y me dijo que era imposible acoger a más perros, que no tenían apenas espacio y que además ese perro parecía sano, teniendo en cuenta todos los casos graves que debían atender diariamente. Ese perro no era un caso prioritario y estaban desbordados. Me sentí devastada con la noticia.

Al cabo de unos días, después de finalizar nuestro itinerario por el país, regresamos a Barcelona. Al día siguiente de llegar inicié una campaña para recaudar dinero para Animal SOS Sri Lanka. Empecé por las personas conocidas, amigos, familiares..., enviándoles un folleto que había diseñado con mucho cariño y dedicación, en el que explicaba la situación que vivían los perros de Sri Lanka. Para mi sorpresa, la mayoría de las personas no contestaron a mi mensaje, e incluso recibí comentarios de desprecio. Por unos instantes me sentí confusa y triste, pero decidí seguir escuchando mi voz interior y amplié la campaña en mis redes sociales para llegar a más gente y añadí «producto solidario» para fomentar la participación. Como estábamos en periodo de Navidad y los seguidores de mis redes sociales eran grandes amantes de los animales, la campaña fue un éxito y pudimos enviar ayuda al santuario. Contacté con la fundadora y le expliqué la campaña que estaba poniendo en marcha y le expresé lo transformadora que había sido para mí la experiencia en Sri Lanka.

Al cabo de unos días, me escribió una chica que había visto todas mis publicaciones sobre los perros callejeros y me comentó que iba a ir de viaje a Sri Lanka en pocos días y si podía hacer algo por ayudar. Le expliqué que había un perro que no me quitaba de la cabeza (más bien del corazón), y que quizá ahora que la fundadora del santuario me conocía y sabía el esfuerzo que estábamos haciendo por enviar donaciones, esta vez aceptarían acoger al perro. Pero primero debía asegurarme de que el perro estaba vivo. En mi interior sabía que ya no vivía, pues así me lo había expresado al conocernos, pero me quedaban esas pequeñas dudas (creadas por mi mente) de si lo que sentí con él fue real.

Contacté con el guía y, como al perro lo habíamos visto en su ciudad natal, le pedí que fuera a comprobar si el animal aún se encontraba en aquel lugar. Pero, efectivamente, ya era tarde. Ya no estábamos a tiempo de ayudarlo. El guía me envió una fotografía del perro yaciendo muerto en el mismo lugar en el que me despedí de él. Se dejó ir en ese mismo lugar en el que nos dijimos adiós.

Viví muchas otras experiencias con animales en Sri Lanka, pero esta fue la que definitivamente me abrió los ojos, fue la gota que colmó el vaso... En el mismo instante en el que supe de la muerte del perro, ya no tuve más dudas: lo que viví y sentí con él fue real, así como la petición que lancé de servir al reino animal. Así que al recibir la noticia tomé la decisión de dejar mi trabajo, un trabajo de oficina que llevaba haciendo muchos años, sobreviviendo a entornos competitivos y estresantes, en los que sentía que no aportaba nada de valor al mundo y, especialmente, un trabajo en el que no podía ser yo misma ni mostrarme tal y como era, un lugar en el que no encajaba. Dejé mi empleo al inicio de la pandemia de la COVID-19, sin saber a lo que me iba a dedicar, pero sabiendo que aquel no era mi lugar. El perro y toda la experiencia vivida en Sri Lanka me hicieron coger fuerzas para dar un salto al vacío y seguir a mi propia voz interior, para seguir un camino de descubrimiento junto a los animales.

Con los meses, me formé sobre los animales y las distintas herramientas. Aprendí sobre educación canina en positivo para poder comprender mejor los problemas de comportamiento del animal y así proporcionar más apoyo en el proceso de rehabilitación; sobre lenguaje y señales en gatos y perros; sobre terapia floral aplicada en animales para dar un apoyo emocional y vibracional al animal y a su persona responsable; sobre distintas terapias energéticas y de sanación para favorecer un mayor equilibrio y armonía en el animal, así como ayudar en la sanación de traumas; etc. Todo lo hacía de manera muy intuitiva, por primera vez me permitía disfrutar y fluir. Solté un poco el control, acepté la incertidumbre del momento, me dejé guiar por esa confianza en la vida, y poco a poco fueron llegando muchos más animales, que como aquel perro de Sri Lanka me mostraron qué camino seguir.

Sigo sintiendo mucho amor por Sri Lanka, sus lugares, sus personas y sus animales. No siento pena por esos animales. Eso es algo en lo que más adelante profundizaremos, porque sentir pena por alguien es quitarle su dignidad. Siento un enorme respeto y admiración hacia todos los perros que están viviendo experiencias tan al límite. Siento un grandioso amor y agradecimiento a todos y cada uno de ellos. Y seguiré haciendo lo que esté en mis manos por devolverles un poco de ese amor. También sentí mucho dolor, pero me dejé atravesar por el dolor. Siento que hay situaciones muy intensas y duras, pero están para ser reconocidas y abrazadas, para ser integradas por todos, y no para ser juzgadas, rechazadas ni etiquetadas con adjetivos desagradables, ni con odio ni con rabia, pues eso solo añade más sufrimiento al mundo. Todo tiene cabida en el universo, aunque nos cueste entenderlo, y lo único importante es cómo cada uno de nosotros de manera individual actúa al respecto, y si decidimos movernos según las leyes universales del amor que es lo que permite que todo cambie. Solo si nos movemos desde el amor, podremos dejar de ver en el mundo actos atroces y dolorosos hacia los animales y hacia cualquier ser vivo. Todo eso se transformará, pero primero debemos transformarnos nosotros mismos, porque lo que vemos ahí afuera es un reflejo de nosotros.

Esta es una de las experiencias que me impulsaron a seguir mi camino en la comunicación animal y en el acompañamiento a familias interespecies. Lo que no sabía entonces es que la comunicación intuitiva animal sería para mí un camino de autoconocimiento y de trabajo personal.

Trabajo personal y bloqueos en la comunicación telepática

Para recuperar esta capacidad de comunicar telepáticamente con los animales puede que se necesite hacer conscientes y trabajar algunos bloqueos personales. Depende de cada persona, de sus circunstancias y de su estado interno.

Comunicar con los animales pasa por recordar quién eres en realidad, por reconocerte. Hay que pasar por el corazón y volver a sintonizar con el lenguaje universal. Se dice también que en los próximos años, a medida que elevemos el nivel vibracional de nuestro ser, se irán desplegando en nosotros todas las habilidades psíquicas, como la telepatía, la clariaudiencia, la clarisintiencia, la clarividencia...

Por lo que he podido observar hasta ahora en mi entorno y compartiendo experiencias con otras personas, cada uno de nosotros puede venir a esta vida con unos talentos y con unos potenciales ya determinados, de entre los que se encuentran cada una de estas capacidades mencionadas, por lo que con mayor facilidad va a poder despertar y reconectar con algunas habilidades u otras. Cada uno de nosotros es un ser único, y de manera natural puede tener mayor facilidad para desplegar un cierto tipo de habilidades, aunque todos y cada uno de nosotros estamos destinados a reconectar con esta capacidad telepática, que sigue siendo una capacidad innata del ser humano.

«No puedo, no soy capaz»

Esta es posiblemente una de las creencias más limitantes con las que te puedes encontrar a la hora de empezar a comunicar y que puede suponer una barrera para abrirte a comunicar de manera intuitiva con cualquier animal. Tal vez creas que la comunicación animal es un don, que se da en unas pocas personas, y que tú no eres una de ellas. Eso equivale a decirte a ti mismo que «esto de la comunicación no es para mí, yo no seré capaz».

Si decides atravesar esta creencia limitante, quizá te lances a experimentar por ti mismo la comunicación animal, y una vez lo intentes y vayas practicando, posiblemente sigas teniendo dudas: ¿me lo estaré inventando?, ¿esto que he recibido del animal es verdad?

Déjame decir que estas dudas son totalmente naturales al inicio, incluso pueden alargarse en el tiempo (hablo también por experiencia propia), debido a las inseguridades, pero eso no debe ser un impedimento para abrirte a la comunicación animal. En mi caso, cuando todavía hoy me siguen llegando algunas dudas, le pido a mi mente que se relaje y que se limite a hacer su trabajo de traductor, y no dejo que esos pensamientos limitantes y esas creencias interfieran cuando estoy comunicando con el animal. La práctica, el compromiso y la constatación de los resultados te harán afianzarte en que la información que recibes del animal es real.

Recuerdo perfectamente todas y cada una de las dudas que me han surgido durante el camino, y que seguirán surgiendo posiblemente, pero de las que aprendo cada día. Hace un tiempo, cuando empezaba a comunicar telepáticamente de manera consciente, tuve dudas a la hora de comunicarme con uno de mis perros. Me había desplazado a otra ciudad para hacer unas compras, cuando me llamó por teléfono la vecina de al lado para avisarme de que uno de mis dos perros se había colado por el balcón a su casa y que estaba bastante asustado. Me asusté muchísimo al pensar que algo terrible le podría haber pasado a mi perro y mi mente no alcanzaba a comprender cómo había logrado llegar a la casa de los vecinos. Le dije que enseguida iba para allí, y sin preguntar cuál de mis dos perros era el que se había colado en su casa, yo asumí que era Pipo, porque era un perro muy miedoso. Mientras me dirigía hacia la casa de mi vecina, como el camino tomaría mínimo media hora, decidí poner en práctica la comunicación telepática con Pipo para enviarle un mensaje tranquilizador. Puse la intención de conectar con él desde mi corazón y le conté que estaba de camino hacia casa, que llegaría lo antes posible para estar con él, que no temiera ni tuviera miedo, que no le harían nada malo, y yo enseguida estaría a su lado. Después de mandarle el mensaje, recibí esta respuesta de Pipo: «Yo estoy bien. ¿Vas a volver ya? Vale». Me quedé sorprendida, pues Pipo parecía muy relajado, me transmitía mucha tranquilidad, no solo en su mensaje, sino que percibía su estado emocional, y estaba sereno, nada miedoso como me había dicho la vecina. Me pareció raro, y pensé que con mi estrés y las prisas de conducir de vuelta a casa lo más rápido posible, quizá yo no había establecido una buena comunicación con Pipo o no había percibido lo que él quería realmente transmitirme.

Cuando llegué a casa de la vecina, me abrió la puerta y apareció... Merlot, mi otro perro. ¡Ahora todo tenía sentido! ¡Comuniqué con el perro equivocado! Pipo estaba tan tranquilo en casa (y por eso en la comunicación le notaba tan calmado), mientras que era Merlot el que estaba con miedo en casa de la vecina.

Lanzarte a comunicar e ir validando según tu propia experiencia es lo que te va a permitir ir cogiendo más confianza y más consolidación poco a poco. Si surgen las dudas (insisto en que es normal que las haya especialmente al inicio), solo será a través de la experiencia que podrás ir averiguando, constatando, aprendiendo y creciendo. Hay que permitirse hacer el camino, y también hay que permitir quitarse capas, sanar heridas, ser compasiva y compasivo con uno mismo. Es parte del aprendizaje, y del recordar esta capacidad innata de comunicar con animales.

Y como he dicho, cada uno deberá identificar sus bloqueos. Puede ser miedo a no ser capaz, miedo a lo desconocido, impaciencia para recibir información, las propias proyecciones que surgen a la hora de comunicar, el propio ruido interior, miedo a conectar con emociones y vivencias muy intensas del animal, miedo a lo que las demás personas dirán o pensarán sobre ti, miedo a perder el control, etcétera.

Por este motivo considero la comunicación animal como un camino de evolución personal. Deberás ser consciente de tus bloqueos para transformarlos, hecho que no solo es algo necesario para que la comunicación telepática se dé, sino necesario en tu día a día para alinearte con lo que verdaderamente eres. Es un camino bonito y un trabajo interior a la vez.

Recuperar la capacidad comunicativa con los animales no exime a la persona que comunica hacer su propio trabajo personal. Al fin y al cabo, la comunicación telepática es una capacidad «psíquica» que todos tenemos, es un lenguaje universal innato, y hay personas que por muchos motivos pueden recordar más fácilmente esta capacidad, tenerla más desarrollada o pueden abrirse a descubrirla con más facilidad. Pero que haya una mayor predisposición o facilidad en desarrollar (recordad) esta capacidad no siempre va relacionado estrictamente con la propia integridad. Hay que trabajar para que el canal sea limpio y que el trabajo se alinee con las leyes universales del amor.

Código ético para terapeutas y comunicadoras

Comunicar con animales es una responsabilidad, en especial si se hace para otros animales que no sean de nuestra familia y de manera profesional, y debería ser importante formarse adecuadamente y tener en cuenta el código ético, que ayuda a poner reflexión a muchos temas necesarios en la concienciación de esta labor. El código ético de la comunicación animal fue formulado por Penelope Smith en 1990, y lo podréis encontrar traducido al español en mi página web[1] o en inglés en la web de la autora Penelope Smith.[2]

Una comunicadora animal que se dedica profesionalmente (o lo hace para prestar de manera ocasional un servicio a otros) debería hacer un trabajo limpio e íntegro. Siempre se debería pedir permiso al animal para comunicar, y siempre debe salir de la voluntad previa de su responsable. Solo deberíamos prestar servicio si nos lo piden sus familiares, y con el consentimiento del animal.

Quien se comunica con el animal tiende un puente entre este y su responsable, transmitiéndole a la persona todo aquello que el animal desee expresar para su bienestar. Y luego, con esa información, ver cómo se puede ayudar al animal para que haya una mejor convivencia en el hogar. Personalmente, mi mayor foco y trabajo está en mantener-

1. <www.patriciaperreau.com>.
2. <https://www.animaltalk.net/>.

me en la máxima neutralidad posible, y ese es también un trabajo interno necesario para no proyectar cosas propias en la comunicación, de lo contrario esta puede verse empañada o contaminada por nuestras propias heridas no resueltas, emociones insatisfechas, por tus propias interpretaciones alejadas de la neutralidad, el juicio, etc. Si, por ejemplo, eres una persona muy emocional, puedes poner en el animal o en su responsable una historia que es una proyección de tu propia historia o tu propio anhelo, alejada de lo que el animal te cuenta. Todo lo que salga en una comunicación animal que no esté resuelto en ti cuando comuniques, hará que no puedas manejarte con neutralidad y que proyectes.

No hay que confundir la neutralidad con la falta de empatía. La empatía es ponerse en el lugar del otro tal y como el otro se está sintiendo, pero deberíamos poder hacerlo sin dejarnos arrastrar por aquello que el otro siente (con mayor neutralidad posible). Si nos dejamos arrastrar por aquello que siente el animal o la persona, añadiremos más de eso (si tú sufres cuando el animal te comparte su sufrimiento, estarás añadiendo más sufrimiento al sufrimiento), y no ayudará al animal. Primero hay que escuchar al animal con neutralidad y a través de una escucha activa (no solo lo que deseas escuchar, sino todo aquello que el animal quiera contar). En ese encuentro de escucha hay empatía, hay un canal abierto para que el animal se exprese y tú puedas recibir todo aquello que desee contar tal y como lo vive y experimenta el animal, manteniéndote en la neutralidad. Es un acto de unidad.

Una vez se transmite la información del animal a sus personas responsables, se inicia el acompañamiento a su familia para ver cómo mejorar o ayudar a resolver los problemas de convivencia que puedan existir.

El triángulo terapéutico

La comunicación animal, como cualquier otra herramienta terapéutica, no es una varita mágica que lo soluciona todo. Debería ser una herramienta para escuchar y conocer más en profundidad al animal para atender mejor sus necesidades, y eso a la vez hace que te conozcas más a ti mismo como parte de la familia que formáis y por la resonancia que compartes con el animal. Es una herramienta de comprensión.

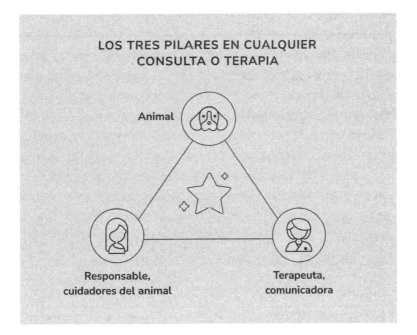

LOS TRES PILARES EN CUALQUIER CONSULTA O TERAPIA

Animal

Responsable, cuidadores del animal

Terapeuta, comunicadora

Tal y como explica Olga Porqueras, en la comunicación animal se necesitan tres pilares: el animal, el responsable del animal (su familia o cuidador) y la comunicadora animal. Si falta uno de estos pilares, la comunicación no puede hacer su función terapéutica. Se necesitan de los tres. Cada uno de los involucrados tiene que asumir su parte y trabajar en equipo, en total compromiso. La buena noticia es que el animal siempre estará dispuesto a hablar y expresar sus necesidades, siempre estará dispuesto a colaborar para su mayor bienestar y el de todos los implicados.

La falta de escucha profunda es la que provoca en muchas ocasiones problemas en la convivencia. A veces, con el simple hecho de comunicar, el animal se relaja y la situación mejora, pero otras no solo se debe producir esta escucha, sino que también se deben llevar a cabo las acciones necesarias que lleven al animal a un estado de mayor equilibrio y armonía. No se trata únicamente de solicitar o realizar una comunicación y que el animal se exprese. No todo acaba en la comunicación. Luego hay que acoger sus palabras y ver los próximos pasos que se deben dar para ayudar al animal, y encontrar un punto común de entendimiento en la familia, para el mayor bienestar del animal.

La terapeuta animal o la comunicadora no es quien debe tomar las decisiones, o ciertas decisiones, sino que acompaña y da soporte en el proceso, ayudando a que la familia pueda seguir su camino junto a su animal para su mayor bienestar, y derivando a otros profesionales si el caso lo requiere.

CAPÍTULO 4

Respetar su animalidad

Debemos comprender las necesidades que nuestros animales de familia tienen como especie (gatos, perros, conejos, aves, roedores, caballos...). Son seres con sentimientos, sentientes, a los que debemos tratar con respeto y empatía, de igual a igual, y comprendiendo su naturaleza como especie. Si no comprendemos la base de su naturaleza, no hay comunicación posible. No debemos humanizarlos ni hacer proyecciones humanas en ellos.

Tratar a nuestros animales como si fueran de la familia no es humanizarlos. Los animales tienen sentimientos, y tratarlos teniendo en cuenta sus emociones tampoco es humanizarlos. Pero debemos ser muy conscientes de que realmente se trate de las emociones del propio animal, y que no caigamos en el error de proyectar nuestras propias emociones y reacciones humanas en ellos.

Cuando humanizamos a un animal con el que convivimos, no entendemos su propia naturaleza como especie y proyectamos en el animal nuestras necesidades, emociones, reacciones humanas. Esas proyecciones nos hacen asumir que nuestro animal se comporta como lo haríamos nosotros ante una determinada situación, interpretándola desde un punto de vista humano muy alejado de la realidad, sin tener en cuenta las necesidades del animal como especie, ni sus necesidades como individuo único que siente de manera única.

Los animales viven en el presente, no están continuamente pensando en el pasado o el futuro y, por tanto, emociones y comportamientos como los celos, el rencor o la venganza no se dan en los animales o de la misma manera en que los humanos adultos lo sentimos (o lo interpretamos en los animales). Los animales sí que pueden vivir, por ejemplo, un enfado a tiempo real, si hay algo que en ese momento presente le está disgustando o no sea de su agrado. Si algo le hace enfadar y eso se mantiene en el tiempo, puede derivar en un estado de frustración generalizado, irritabilidad u otros estados que le hagan sobrerreaccionar o mostrar esa emoción de algún modo. Eso no significa que sea rencoroso o tenga sed de venganza; el animal solo estaría expresando un estado emocional de frustración o enfado, si fuera el caso.

Pongamos algunos ejemplos de humanización (y algunas posibles historias que se esconden detrás de nuestras proyecciones humanas) para poder reflexionar sobre ello y tomar mayor conciencia.

«Mi gato se hace pipí en mi cama porque es un marrano».

→ No es un marrano. Entre muchas otras posibilidades, en realidad tu gato podría estar intentando decir que algo no va bien, que se siente mal físicamente, que no está bien emocionalmente o que tiene algún tipo de conflicto. Un gato sin ningún problema es un animal «limpio», por lo que si se hace pipí en un lugar que no sea su arenero, no debemos reñirlo por ello, sino que deberemos ver qué es lo que el animal está intentando expresar.

«Mi perro me da besos en las manos cuando tengo intención de acariciarlo».

→ No te da besos (o no en la mayoría de las situaciones). Entre muchas otras posibilidades, en realidad tu perro podría sentirse incómodo con alguna aproximación que se esté haciendo o con algún manipulado que se esté realizando de manera inapropiada, y el perro quiere parar las intenciones lamiéndote las manos. Si este fuera el caso, deberíamos detenernos, e ir repitiendo la acción a modo de pregunta, para que el perro pueda responder («quiero/no quiero») y así sentirse respetado. Esto no quiere decir que el perro nunca más querrá ser tocado, sino que a medida que se sienta más respetado, más querrá el contacto.

> **«Mi gato muerde mi planta porque sabe que esa es justamente mi preferida y lo hace solo para fastidiarme».**
>
> → No lo hace para fastidiarte. Todo lo que hace el gato tiene un «para qué», y no es precisamente el querer fastidiarte porque sí. Entre muchas otras posibilidades, en realidad tu gato puede que esté aburrido y necesite mayor estimulación o que quiera tu atención, o hay un mensaje detrás que te está intentando mostrar..., pero no lo hace para fastidiarte o hacerte enfadar. En cambio, si cuando juega o muerde la planta tú te enfadas o le riñes, el gato no comprende lo que sucede o incluso puede que haya conseguido tu atención, que es quizá lo que quería.

Cuando humanizamos a los animales proyectamos en ellos y podemos llegar a alterar su comportamiento natural como especie. Por eso es importante que antes de decidir compartir nuestra vida con un ser de otra especie, nos informemos sobre sus necesidades, sobre su manera de comunicar y sobre todo aquello que van a necesitar de nosotros para adaptarse a una «vida entre humanos».

Recuerdo el caso de un perro que estaba en tratamiento con distintos profesionales durante mucho tiempo, pero no mejoraba y su persona responsable seguía notando que su animal estaba triste. Entre muchas cosas, el perro me expresó que no se sentía perro y que su persona responsable no comprendía sus necesidades, las necesidades que el animal tenía como perro, desde su animalidad. Fue un caso duro para mí, porque su persona no abrazó estos mensajes y desconfió, no quiso siquiera resolver las dudas de la comunicación conmigo y yo no pude hacer más al respecto.

El caso más claro de humanización que al menos yo he vivido más de cerca es el relacionado con las palomas (se podría extender a muchas otras aves silvestres que han sido criadas por personas o con el fin de vivir con personas). He comentado al principio que el libro se centra en animales de familia, pero considero interesante reflexionar sobre las palomas por los aprendizajes que pueden traernos, así como cualquier tipo de ave silvestre.

Durante mi primer año comunicando con animales, empezaron a aparecer en mi vida varias palomas y pichones que estaban enfermos, y a las que intenté ayudar a rehabilitar. Al empezar a investigar sobre las palomas, desconocidas por mí hasta ese momento, me di cuenta de la importancia de no humanizarlas (no improntarlas), especialmente si son pichones o crías. Si se acostumbran a la persona (si la persona les habla, las toca, las tiene siempre cerca...) pierden el «miedo» al humano, pueden incluso verlo como su referente y eso las aleja de su propia animalidad, teniendo a veces secuelas irreversibles, especialmente en etapas tempranas. El único objetivo cuando se intenta ayudar a una paloma o a una cría de paloma es procurar que vuelva a ser libre, que sea liberada cuando ya esté sana y se valga por sí misma, que no dependa del humano, y para ello es muy importante que el pichón o la paloma tenga el mínimo contacto con la persona durante su rehabilitación. Si pierden el miedo al humano (incluso a otros animales de familia que tengamos en casa), las palomas, y cualquier ave, no podrían ser liberadas, porque en el exterior no podrían sobrevivir mucho tiempo. Necesitan no fiarse del humano ni del resto de los animales que podrían cazarlas o hacerles daño. No es que deban tener miedo bajo una perspectiva humana, pero creo que la palabra nos acerca más a comprender lo que intento expresar. En realidad, las palomas deberían estar atentas a las intenciones de las personas que se acercan en las calles, por si pudieran ser un peligro para su propia supervivencia.

No hay que socializar ni humanizar a una paloma, ni a cualquier otra ave. Si por ejemplo hay un pichón en apuros, que necesita el cuidado del humano para sobrevivir durante los primeros meses de vida, podemos proporcionarle el contacto con otro pichón o paloma sana de su misma especie para que no esté solo en ese proceso de rehabilitación y mantener contacto con el humano solo cuando sea estrictamente necesario, por ejemplo, para alimentar al pichón por sonda con el alimento indicado o llevarlo al veterinario de exóticos. Es nuestra responsabilidad informarnos adecuadamente de sus necesidades y cuidados, así como no arrebatarles su animalidad. A veces se logra un proceso de desimpronta *a posteriori*, pero en algunos casos es irreversible.

No estoy diciendo que cuando tenemos en casa un ave que ya está improntada no nos responsabilicemos de ella. Una vez se da esta situación, hay que darle al ave la mayor calidad de vida posible en nuestro hogar, atendiendo sus necesidades como especie, o buscar un refugio adecuado con animales de su misma especie y asegurarse de proporcionarle todo lo que necesite para su bienestar.

He comunicado con varios tipos de aves que conviven con familias humanas: loros, yacos, cotorras, agapornis... Muchos de ellos pueden llegar a tener bienestar conviviendo con su familia humana (la mayoría de las familias que acuden a mí están bastante concienciadas sobre las necesidades que tiene cada una de estas especies y se entregan al completo), pero también son animales muy sensibles, que requieren de muchos cuidados, conocimiento y de nuestro tiempo. Es muy importante tener esto en cuenta.

Algunas de las palomas que cuidé sobrevivieron, pero otras ya estaban demasiado enfermas pese al tratamiento veterinario. Algunas de las que rehabilité pudieron ser liberadas de nuevo, y una de ellas no pudo recuperarse de su fractura en el ala mal soldada, por lo que busqué un buen santuario en el que pudiera convivir con otras aves de su misma especie en un entorno lo más natural posible.

Recuerdo cuando recogía a una paloma de la calle y llamaba para pedir hora al veterinario de aves exóticas. Me decían con tono gracioso: «¿Ya encontraste otra paloma? Deberías aprender a mirar al cielo y no al suelo mientras andas por la ciudad». Un poco de humor nunca viene mal... Tengo que reconocer que fue un año intenso, con muchas idas y venidas al veterinario, pero a través de las palomas aprendí mucho de ellas y de mí misma. Les tengo mucho que agradecer. Son seres con una sensibilidad increíble y no se merecen la estigmatización que reciben por parte de la sociedad y la gestión poco ética que se hace de ellas en muchas ciudades. La forma en la que tratamos a las palomas en nuestras ciudades y a muchas otras aves, como las cotorras, son un reflejo de nuestro nivel de consciencia y de baja concienciación animal.

¿Y qué tenemos que aprender de las aves? Siento que de alguna manera las aves nos muestran lo que es la libertad, desplegando sus alas y alzando el vuelo. Nos hacen reflexionar sobre nuestras propias limitaciones como especie humana, lo que no nos permite reconocer que somos seres libres. La libertad es interior, y las aves, de algún modo, nos muestran que es posible volar, ser libre. Debemos, pues, dar las gracias a cada una de las aves que sobrevuelan los cielos y que nos regalan sus cantos, apreciando su vida como a cualquier otro tipo de especie animal.

Podemos llegar a proyectar en los animales ciertas cualidades que son nuestras (humanas), y eso nos puede conducir al error y nos aleja de su animalidad. Incluso podríamos sentirnos superiores a ellos debido a que no cumplen los mismos requisitos que nosotros. Pensamos que no son inteligentes, pero lo son, y mucho. Si medimos su inteligencia según parámetros humanos, nunca tendremos una lectura correcta. Si medimos la inteligencia de un animal (por ejemplo, nuestro gato, perro, caballo, conejo, tortuga, pájaro, etc.) por su coeficiente intelectual y por su capacidad de hablar en lenguaje verbal humano, llegaríamos posiblemente a la conclusión de que las personas somos mucho más inteligentes que los animales. Pero ¿qué sucedería si medimos la inteligencia de una tortuga por su capacidad de nadar en el agua y permanecer sumergida durante una hora? Y lo más importante: ¿qué sucedería si medimos nuestro nivel de inteligencia (de las personas) según este mismo parámetro? ¿Y si medimos la inteligencia de las personas por su capacidad de poder volar como un pájaro?

Quieto ir un paso más allá en esta reflexión, porque no me parece que estas comparaciones tengan en realidad un sentido profundo para mí, debido a que no podemos comparar a dos seres que tienen cualidades distintas, pero en esencia son lo mismo. Cada especie tiene una función, que puede ser distinta, en este planeta Tierra. Todos tenemos nuestra función. Debemos reconocer que cada ser es único, que cada ser tiene sus cualidades, y que independientemente de esas cualidades (el pájaro que vuela, la tortuga que es capaz de permanecer horas sumergida en el agua, el gato que ronronea y transmuta energías...), cada ser es parte de una inteligencia universal, y cada uno es único y a la vez todos son unidad.

El problema con el que nos podemos encontrar, tanto entre los seres humanos como en la relación entre seres humanos y animales no humanos, es que nos sentimos separados del otro, percibamos al otro como alguien distinto de nosotros (ya sea a la persona de al lado, al animal con el que convivimos), y entramos en comparaciones y juicios considerando al otro como superior e inferior. Esta es la gran trampa en la que podemos caer, sintiéndonos separados del otro, del resto de las personas y del resto de los animales y de todo lo que nos rodea. Y eso nos causa sufrimiento, porque en realidad no estamos separados de nada ni de nadie.

El tema de la separación y de la unidad es algo que debe surgir de la experiencia. No voy a extenderme más con este tema porque siento que se queda en palabras, y es algo muy profundo que debemos experimentar y que, en realidad, estamos destinados a experimentar. Cuando no nos sentimos separados del otro no le juzgamos, no nos sentimos superiores, no catalogamos lo que hace el otro como «malo o bueno». En cambio, cuando miramos al otro y nos damos cuenta de que ese otro soy yo, dejamos de juzgarlo, porque comprendemos que, si juzgamos al otro, en realidad nos estamos juzgando a nosotros mismos. La unidad y el amor van de la mano, y hasta que no experimentemos un amor que sea parte de una experiencia de unidad seguirá siendo un amor en versión humana y no un amor real.

Volviendo a la inteligencia de la que hablaba antes: sí, los animales son inteligentes, pero deberíamos ver con qué parámetros evaluamos esta inteligencia. Deberíamos empezar a plantearnos qué es la auténtica inteligencia y reflexionar sobre ello. ¿Qué hay de la inteligencia emocional? ¿Qué hay de la inteligencia más allá de la mente? Si los seres humanos fuéramos tan inteligentes, ¿no crees que ya habríamos sabido cómo ser felices? ¿O habríamos descubierto cómo vivir en paz? ¿O habríamos sabido cómo resolver cualquier forma de sufrimiento humano o animal que vemos en el mundo?

La inteligencia va mucho más allá; es un concepto que abarca más. En el plano del humano, incluso podríamos empezar a redefinir la inteligencia. Muchos de nosotros hemos basado nuestra propia inteligencia en el cociente intelectual cuando en realidad muchos de los grandes descubrimientos y soluciones innovadoras han sido fruto de personas que no destacaban por un cociente intelectual muy elevado, sino más bien (o también) por muchas otras cualidades adicionales, como la creatividad, la imaginación, la curiosidad, la perseverancia y la empatía.

Y si vamos al plano de los animales, incluso algunas de sus actitudes parecen mucho más inteligentes que las nuestras, muy posiblemente porque los animales ya saben quiénes son y actúan en coherencia. Por ejemplo, no verás a un animal con miedo a que llegue el día de su muerte, ni condicionando su vida a ese miedo. En cambio, las personas nos pasamos la vida intentando evitar un momento que es inevitable y sufriendo por ello.

El proceso de muerte en los animales

Para mí, aprender sobre la muerte es un ejemplo claro de aprender a vivir desde nuestra propia animalidad, y cómo los seres humanos podemos tomar ejemplo de los animales. Porque a través de los animales podemos recordar quiénes somos. En realidad, no es que tengamos que aprender nada de ellos, sino que a través de ellos podemos recordar y reconectar con nosotros mismos y con nuestra esencia. Los animales también nos muestran este aspecto de conexión con la vida a través de cómo ellos experimentan el proceso de la muerte.

Muchas de las reflexiones que expondré a continuación no solo han sido fruto de mi propia experiencia a través de un cáncer que sufrí hace muchos años y que me hizo empezar a plantearme la muerte (en realidad, si soy sincera, a temer la muerte cada vez que entraba en el quirófano), sino también por lo que los animales me han ido mostrando y explicando cuando los he acompañado en procesos de enfermedad y en sus últimos momentos.

¿Cómo viven la muerte los animales? Pues de manera mucho más natural que las personas. Porque ellos saben que la muerte no es el final, que es parte de la vida, que es un renacer.

Los animales no se identifican exclusivamente con el cuerpo físico. Ellos saben que no solo son eso que vemos externamente, son más que un cuerpo, son alma. El cuerpo es solo un vehículo que les permite experimentar aquí en la Tierra, y en este sentido saben quiénes son... y hacen un proceso de muerte y de sus últimos momentos con mucha consciencia.

A las personas nos cuesta mucho incluso hablar de la muerte, se nos despiertan muchos miedos, muchos apegos.

No tenemos conciencia de la muerte, es un tema en muchas ocasiones tabú; y en nuestra sociedad y religión heredada la muerte se nos ha catalogado como algo horrible y algo a lo que temer. Todo eso hace que vivamos la muerte con mucho miedo y sufrimiento. Vemos la muerte como el final, porque nos identificamos con el cuerpo físico. En realidad la muerte es algo natural, es parte de la vida. Todo lo que nace muere; es el ciclo de la vida. La muerte no es el final.

Si empezamos a sentir la muerte de esta forma, podremos también acompañar a nuestro animal con mayor armonía y serenidad en sus últimos momentos. Y por supuesto que los últimos momentos de nuestros animales van a ser intensos también para nosotros, y se nos van a despertar muchos sentimientos que no son cómodos de sentir; sentiremos dolor y tristeza, pero si lo hacemos con conciencia y nos abrimos a vivir ese proceso como lo que es, puede ser un proceso personal de crecimiento y transformación, alejado del drama mental y de nuestras propias creencias y miedos humanos. Recordemos que no es lo mismo el sufrimiento que el dolor. Podemos experimentar dolor, tanto las personas como los animales, pero el sufrimiento es una opción mental.

Cada caso es individual, cada animal al que he acompañado en sus últimos momentos es único, porque ellos son seres únicos, pero en todos los casos podemos aprender a través de otras especies a aceptar la muerte como lo que verdaderamente es: parte y continuación de la vida. Y a no desconectarnos de nuestra propia animalidad, que pasa por aceptar la muerte como un renacer.

No es casualidad que los animales que nos acompañan en nuestra vida vivan muchos menos años que nosotros. Hay quien dice que el animal vive menos que nosotros porque ellos ya nacen sabiendo cómo vivir y cómo amar, mientras que las personas necesitan más tiempo en la Tierra para «aprenderlo». Además, cuando decidimos compartir nuestra vida con un animal, lo que sabemos con total seguridad es que probablemente viviremos su proceso de muerte. Sí o sí deberemos afrontar su muerte, la muerte, y si nos abrimos a vivirla de manera consciente, comprendiendo su verdadera naturaleza, podremos aprender de ella y empezar a verla como parte de la vida.

La mayor parte de los animales de familia viven la muerte de una manera natural; pero con mi experiencia creo que también hay animales que se pueden sentir confusos ante la muerte o que tienen dificultades para marcharse. Cada caso es individual. Si el animal tiene problemas para hacer el tránsito, puede deberse a diversos factores: angustia y confusión experimentada por la familia humana que percibe el animal, nivel evolutivo del animal, apegos desarrollados en la familia, dependencias, experiencias familiares por las que deben pasar y aprender determinados seres en la familia, etc.

Podemos caer fácilmente en hacer muchas proyecciones en los animales. En general, las personas ya solemos hacer muchas proyecciones entre nosotros, y lo mismo sucede con los animales, no podría ser de otra manera. Un ejemplo de proyección, como tantas otras, podría estar relacionada con cómo vivimos la muerte, la enfermedad o la vejez. Comentarios hacia el animal en etapa sénior o de vejez, por ejemplo: «Pobrecito, es que ya no anda tanto, ya no es el mismo», «qué pena, seguro que no es feliz», «esta no es manera de vivir, ya no tiene dignidad». Nos cuesta ver la vejez desde una perspectiva más neutral, viéndola como lo que realmente es, como una etapa natural de la vida, en la que el animal puede ser feliz y estar bien acompañado, con la ayuda veterinaria necesaria y de otros profesionales si lo requiere, y con un buen acompañamiento por parte de sus responsables. En cambio, nuestro temor y sufrimiento hacia la enfermedad, la vejez y la muerte, entre otras cosas, nos puede hacer proyectar nuestro propio sufrimiento en el animal y pensamos que este sufre de la misma manera que nosotros. Claro que un animal sénior va a tener unas necesidades concretas y cuidados especiales para ayudarlo en esa etapa, pero eso no quiere decir que sea un animal que sufra y que no pueda ser feliz. Cada caso es individual, y hay que conectar con el animal para saber en qué fase está y si quiere seguir adelante.

A mí los animales en etapa sénior me producen mucha ternura. Siento que es una etapa muy importante en su vida, en la que necesitan de la máxima comprensión y adecuado acompañamiento de sus personas responsables y su familia. Por eso, ya he tenido en acogida a dos perros séniores de más de quince años, y creo que no serán los últimos. Siento debilidad por los abueletes, como yo los llamo de modo cariñoso. Ellos no necesitan de nuestra pena o que proyectemos nuestros miedos en ellos. Necesitan de nuestra comprensión, cariño, empatía y máxima paciencia, porque su cuerpo experimenta cambios, así como sus estados emocionales y comportamientos pueden verse alterados. Nunca hay que reñirlos por ello, y hay que darles todas las atenciones y cuidados que se merecen.

Bruno, un precioso perro grandullón que se encontraba en su etapa sénior, estaba recibiendo tratamiento de acupuntura para ayudarlo con sus dolores. Su responsable, Lola, me comentaba que Bruno estaba más tozudo de lo normal y quería comprender qué le sucedía y cómo ayudarlo. En la comunicación, Bruno expresó cómo su cuerpo no se activaba tan rápidamente como quería. No es que se mantuviera tozudo, sino más bien que sentía pesadez en su cuerpo y que no quería salir a pasear tan temprano por las mañanas, que necesitaba ir a su ritmo. Bruno, además, no quería salir tanto al exterior (me mostró una imagen de su jardín, el sitio donde él más disfrutaba estar). Entre otras cosas que nos explicó, dijo que necesitaba que las sesiones de acupuntura fueran más espaciadas y que no fueran tan largas, porque le parecían pesadas. Aunque Lola no se había percatado de esto, decidió seguir los consejos de Bruno y notó cambios positivos en el perro. Lo ayudamos también con terapia floral antes de sus sesiones de acupuntura para que él estuviera menos irritable y lo pudiera sobrellevar con mayor armonía y serenidad. Lola me contactó al cabo de un tiempo y me comentó que Bruno estaba más tranquilo y contento.

En la etapa de la vejez de nuestros animales es importante proporcionarles los mejores cuidados físicos y emocionales para que tengan calidad de vida. Hay que tener en cuenta que el animal puede tener ciertas reacciones y comportamientos debido a sus dolores, enfermedades y pérdida de sentidos, y debemos tener paciencia, así como adquirir el conocimiento para saber acompañarlo adecuadamente con mucho cariño. Los dolores propios de esta etapa, como los dolores articulares y musculares, pueden generar irritabilidad y estrés en el animal. La pérdida de sus sentidos, como la vista o el oído, le generan inseguridades. También podríamos notar que el animal se siente más distanciado de su familia en algunos momentos o más apegado a nosotros, teniendo más dependencia de su familia y necesitando de su presencia para estar más tranquilo. Dependerá del caso.

Esto suele suceder, por ejemplo, cuando el animal entra en procesos de deterioro cognitivo, donde se empiezan a observar distintos síntomas y cambios incluso de comportamiento, como pueden ser ciertas obsesiones y un mayor apego a sus responsables, pues necesitan sentirse seguros y protegidos. Proporcionar ese contacto los ayudará a estar más calmados. Por supuesto, cada caso será individual y único, pero es importante comprender que el animal (sea cual sea su situación concreta) va a necesitar en su etapa sénior de nuestra comprensión, mucha paciencia y cariño.

Proceso de duelo

Los animales también tienen su proceso de duelo, por supuesto. No tengo conocimiento suficiente ni el número de experiencias significativas a nivel cuantitativo como para determinar cómo es su proceso, las fases por las que pasan o el tiempo de duración promedio, pero por mi experiencia sí puedo afirmar que los animales tienen su luto. Y al igual que las personas, es un duelo individual, que cada uno pasa a su manera, de un modo único.

Ante la muerte de un ser querido (ya sea animal o humano), debemos darle el tiempo suficiente y el apoyo necesario. Dependiendo de la conexión y los lazos con el ser fallecido, el proceso de duelo para el animal puede ser más o menos intenso. Pero a veces nos olvidamos de que los animales tienen sus propios procesos, aunque sean más o menos visibles a nuestros ojos.

Algunos animales nos dan señales externas muy obvias de su duelo y de lo que experimentan cuando otro compañero se marcha de su vida.

Este fue el caso de Bob, un perro con mucha energía que fue adoptado por una adorable pareja, Julia y Martín. Hacía un mes que su cobaya Punky había fallecido y todos estaban tristes por lo sucedido. Me pidieron una comunicación con Bob, pues notaban a su perro intranquilo. Le costaba conciliar el sueño o, de repente, se levantaba en medio de la noche y daba vueltas por la casa. Comuniqué con Bob y me contó que se sentía triste por la pérdida de Punky, y que no entendía por qué no volvía a casa. Le pregunté qué podía hacer su familia por él, para acompañarlo en su dolor, y me expresó que quería que su familia le explicara lo que había pasado y por qué Punky se fue. Bob no estuvo a su lado en el momento de fallecer su compañera cobaya y no entendía lo que había sucedido y por qué Punky ya no estaba a su lado.

Desde que recibió la comunicación, durante varias noches seguidas, antes de irse a dormir, Julia cogía a Bob en brazos y le hablaba al oído. Le explicaba que Punky no volvería, pero que fue muy feliz a su lado. Bob recuperó el sueño y nunca más volvió a estar intranquilo por la casa de madrugada.

Perder a un compañero animal puede llegar a suponer un cambio grande para un animal. Y dependiendo especialmente de los lazos y los roles que establecieran esos dos animales en la familia, el impacto es mayor. Puede ocurrir que, después del fallecimiento de uno de ellos, el otro se sienta descolocado y desubicado, por lo que necesitará un tiempo para gestionar ese gran cambio. Como decía anteriormente, cada proceso de duelo es individual y es importante que tanto la familia como el animal que sigue en casa se acompañen mutuamente y se den el tiempo necesario, buscando apoyo y ayuda si fuera necesario, expresando y compartiendo su pena, para que todo ese dolor se pueda ir transformando a su debido tiempo.

> **Comuniqué con la perrita Canela después de que falleciera su compañero perruno Mat. Habían pasado varias semanas, pero su familia notaba a Canela aún extraña, especialmente en los paseos. La perra expresó que necesitaba tiempo, y que en los paseos se sentía más inquieta al no tener a su compañero Mat a su lado, que era su referente de seguridad en la calle. Pero que pronto estaría mejor y lista para incorporar a un nuevo miembro perruno en la familia. Actualmente, Canela disfruta de su vida junto a un nuevo compañero perruno al que adora y del que aprende día a día.**

La muerte de un animal en la familia es algo doloroso y que supone un gran cambio para todos los que conviven en el hogar. Cada animal y cada persona hace su propio proceso individual y único, su propia gestión. El animal no solo hace su proceso, sino que también percibe la tristeza y el dolor del resto de los familiares.

En el caso de que cohabiten varios animales en la casa, el fallecimiento de uno de ellos aportará cambios en la estructura familiar y en los roles desempeñados por cada uno en casa. Aparte del duelo que esté atravesando cada animal, también puede condicionar qué rol tenía anteriormente y cuál debe asumir ahora sin la presencia del compañero fallecido. Si por ejemplo muere un animal que aportaba al otro seguridad, el que queda en casa se puede sentir más inquieto y aflorarle inseguridades que se nos harán más evidentes. O puede buscar referencia en otros animales o en algunas personas de la casa. En cada familia se producen distintos cambios de estructura y, por tanto, podemos observar distintos cambios de comportamientos.

¿Y qué hay de nuestro propio duelo por la pérdida de nuestro animal?

En nuestra sociedad existe mucha incomprensión acerca del dolor que experimentamos los seres humanos cuando fallece un animal en nuestra familia. Aún son muchas las personas de nuestro alrededor que no ven a nuestros animales como seres que nos brindan su amor incondicional, con los que podemos llegar a establecer lazos inseparables y conexiones muy profundas. A veces nos encontramos en un entorno que no comprende nuestro dolor y el proceso de duelo por el que estamos pasando.

En ocasiones se nos llega a juzgar por tener una conexión con un animal tan o incluso más profunda que con una persona. ¿Cuántas veces hemos oído «si solo es un animal»? Estos juicios pueden llegar a ser devastadores, especialmente cuando estamos en un momento tan sensible y doloroso como el duelo por la pérdida de nuestro animal. Pero solo las personas que han experimentado esta profunda conexión con un animal saben que algunos animales nos acompañan de una manera muy especial y nos reconectan con el camino del corazón, dejando una huella que nadie más puede reemplazar.

El amor se manifiesta de distintas formas. No pertenece exclusivamente a una forma humana (cuerpo humano), el amor también viene en forma de gato, perro, roedor, caballo..., por lo que podemos conectar con un animal de la misma manera que con una persona (y hay quien puede experimentarlo incluso con más intensidad).

El duelo por cada uno de nuestros animales será distinto. Depende de nuestra gestión personal y experimentación (que con el tiempo puede ir transformándose), y también del animal que se marcha. Aunque podemos llegar a querer inmensamente a todos los animales con los que vivimos, no podemos culparnos por sentirnos más conectados a alguno en especial, y que, en ese caso, el duelo resulte más intenso. A veces sentimos una conexión tan profunda con determinados animales que no podemos ni expresarlo, pero es real, y solo las personas que la experimentan saben a qué me refiero. Es algo que no se puede poner en palabras.

Buscar un entorno que acompañe y que comprenda el dolor por el que estamos pasando ayudará a superar el duelo. Este proceso es individual, y con el tiempo ese dolor puede transformarse en uno de los grandes aprendizajes de la vida: comprender que la vida no termina cuando muere el cuerpo físico. El amor es vida y perdura. El amor de nuestros animales perdura en nuestro corazón, y siempre que lo queramos podemos conectarnos con ese amor. Si nos inundamos del amor que sentíamos por nuestro animal, podremos verlo y sentirlo reflejado en todas las cosas de nuestro alrededor.

CAPÍTULO 5

Respetar su individualidad

Hasta ahora hemos hablado de la necesidad de respetar la animalidad de nuestro animal, las necesidades de su especie concreta. Además, cada uno de ellos, como individuo único, tiene sus necesidades, sus gustos, sus preferencias, su personalidad, su carácter, sus experiencias, su modo de ver el mundo. Comprender y aceptar todo esto nos permite ver la manera en la que el animal se pueda encontrar más a gusto en su día a día.

He comunicado con varios caballos de terapia, porque sus personas responsables querían saber si se sentían cómodos realizando esa tarea terapéutica con personas o niños y qué era lo que en realidad les gustaba hacer (qué ejercicios y de qué manera). Agradezco mucho este tipo de comunicaciones en las que la persona atiende las necesidades individuales de cada ser, teniendo en cuenta las elecciones y decisiones del animal. Algunos de los caballos con los que comuniqué decían que les gustaba hacer esa labor, así como compartir ratos y ejercicios con otras personas, pero hubo uno que dijo que preferiría no tener que hacerlo por distintos motivos. Su persona responsable agradeció mucho la comunicación, porque en su interior ella ya sentía lo que el caballo le estaba confirmando.

Debemos respetar la voluntad de los animales. Que nosotros seamos sus cuidadores o responsables no debe confundirse con que deban estar sometidos a nuestro interés y hacer todo aquello que nosotros queramos. Que de alguna manera estos animales hayan elegido caminar a nuestro lado no quiere decir que debamos decidir todo por ellos. Cada animal, aparte de su propia naturaleza como especie, es un ser único. Es un individuo que ve el mundo desde su propia perspectiva, y que tiene maneras únicas de querer vivir su vida.

Si nos vamos al otro extremo, no debemos confundirnos con dejar hacer al animal todo aquello que desee. Como responsables del animal y cuidadores que somos, debemos velar por su bienestar. Debemos obtener el conocimiento adecuado para saber qué necesidades tiene y tomar la mejor decisión para su mayor bien. Hay que tener en cuenta siempre lo que desea el animal, pero también lo que es bueno para él, y eso es responsabilidad nuestra. Siempre que se pueda, intentaremos buscar un punto común de entendimiento, acercando ambas posturas: la del animal y la de su responsable, pero teniendo en cuenta lo que es beneficioso para el animal.

Si, por ejemplo, tu gato te dice que no quiere ir al veterinario porque le da pánico, ¿tú dejarías de llevarlo si lo necesita por su salud? ¿O intentarías que fuera una experiencia lo menos estresante posible? Si tu animal adora la comida basura, ¿tú se la darías? ¿O intentarías buscar un alimento que sea saludable, adaptado a sus necesidades como especie, y que fuera lo más sabrosa posible, adaptada a sus gustos individuales? Si tu perro te pide de manera muy ansiosa y exigente que le tires un palo, ¿tú se lo tirarías? Es decir, si tu perro te ladra insistentemente y te mordisquea los pies para que le lances el palo e incluso para pedirte cualquier otra cosa, ¿tú lo harías? Tirarle el palo en un estado muy ansioso (como el resto de las cosas que te pide con impaciencia en el día a día) podría posiblemente reforzar en el perro ese estado emocional e incluso incrementarse con el tiempo, de modo que tendríamos un perro que pide las cosas con ladridos, insistente y con exigencias, y eso crearía estrés en él y en su familia y no le generaría ningún beneficio ni bienestar.

Hay decisiones que debemos tomar nosotros como responsables del animal, ya sean pequeñas elecciones del día a día o grandes cuestiones. Hemos de tener en cuenta, por supuesto, qué elegiría el animal y cuál es su voluntad, pero también qué es lo mejor para él sin hacer nuestras proyecciones humanas e individuales, y desde la máxima neutralidad posible.

No siempre es fácil llegar a un equilibrio entre lo que el animal desea y lo que es más beneficioso para él. En algunos casos se puede llegar a un acuerdo con él, o se le pueden expresar los motivos de nuestra decisión para que comprenda la situación. Eso puede ayudar. No debemos olvidar lo poderosa que es la comunicación entre dos seres. El hecho de tener en cuenta al animal y establecer un puente de comunicación, donde podemos expresarle lo que deseamos y él puede transmitir su opinión, permite un mayor acercamiento. De este modo, él se siente atendido y considerado.

Natalia me contactó para comunicar con su perra Kala. Era una preciosa perra sénior que tenía un tumor en la lengua que crecía a un ritmo bastante rápido. Entre muchas otras cosas que querían saber sobre su bienestar, le preguntamos si le dolía o le incomodaba el bulto de la lengua, porque no tenían claro si operarla por su avanzada edad y el riesgo que suponía la sedación. Kala expresó que sí, y que le causaba irritación. Aunque a ella no le gustaba ir al veterinario ni someterse a una operación, el bulto le molestaba. Le expliqué que su familia lo estaba valorando con el veterinario y que tenían dudas, porque el tumor iba creciendo, pero que estuviera tranquila y confiada que harían lo que fuera mejor para su bienestar.

Al día siguiente decidieron operar a Kala con anestesia local y todo fue perfecto. Natalia me explicó que la comunicación les hizo más fácil dar el paso sabiendo que era lo más beneficioso para la perrita, ya que sentía molestias y dolor. Además, al llegar a la clínica veterinaria Kala temblaba, pero cuando le explicaron que le quitarían el bulto se tranquilizó y se fue andando ella sola con el veterinario. Nunca habían visto a Kala tan confiada en la consulta y sintieron que ella recordaba lo que le explicamos en la comunicación días atrás, y que la ayudó a estar más relajada y confiada.

Hay casos en los que es necesario respetar la decisión y voluntad del animal, pese a que eso implique deshacer ciertas barreras mentales o atravesar miedos que puedan aparecer en las personas.

Este es el caso de un jabalí al que quisimos resguardar y proteger en unos días de tormenta. Durante un mes colaboré como voluntaria en un santuario de animales rescatados de situaciones de maltrato, muchos de ellos catalogados como animales de granja. Había previsión de varios días de tormentas muy fuertes y estábamos en alarma por mal temporal, así que decidimos reubicar a uno de los jabalís para resguardarlo de la lluvia. Era muy mayor y estaba muy débil de salud, de modo que preferimos aislarlo de los demás y ubicarlo de manera temporal en un box con comida y agua resguardado de la lluvia. Después de pasar el día trabajando en el santuario, estaba en casa meditando y me llegó con mucha fuerza un mensaje del jabalí que me decía de manera muy contundente y repetitiva que lo sacáramos de allí, que quería estar en el exterior. Se lo comenté a la responsable y ella estuvo de acuerdo con la decisión, pues también sentía en su interior que el jabalí estaba triste encerrado en ese box y que necesitaba la compañía de sus semejantes y la libertad de estar en el exterior, pese a que eso implicara aceptar las posibles consecuencias de enfermar debido a la tormenta. Por fortuna, pasaron los días de intensa tempestad y el jabalí consiguió sobrevivir, y se le veía feliz como siempre.

Cuando debemos tomar una decisión por el bienestar de un animal, hay alguno que no nos lo pone tan fácil. Pese a explicarle la necesidad de tomar una decisión basada en su beneficio, el animal podría negarse pese a comprender que lo hacemos por su bien. Puede mantener su opinión sobre un tema en concreto y negarse. Esto puede deberse a sus vivencias anteriores, a su carácter, a sus elecciones o incluso a si hay algún aprendizaje detrás para la persona o para el animal. Explicarle los motivos por los que su familia toma una decisión determinada puede ayudar a que el animal comprenda la situación y los motivos, pero no siempre tiene por qué reflejar una aceptación o un cambio de parecer en el animal. Hay muchos factores para tener en cuenta. Pero de lo que sí estoy segura es que de manera más o menos sutil siempre es positivo para el animal explicarle los motivos de la decisión, tenerle en cuenta y dejar que exprese su versión.

Hablando de versiones... Dos seres pueden vivir exactamente lo mismo, pero explicarlo de manera distinta, como si existieran dos versiones de una misma historia. ¿Te ha pasado alguna vez que dos personas conocidas han dejado su relación y cada uno cuenta una versión diferente de la historia? ¿Quién tiene la razón? Con independencia de que cada uno viva una versión más cercana o alejada de la realidad o de la neutralidad de los hechos, cada ser es único y lo vive todo desde su punto de vista, según su forma de ser, su manera de ver el mundo o sus experiencias pasadas. Este ejemplo no dista mucho de lo que nos podríamos encontrar en ocasiones al preguntarle a un animal sobre una situación concreta. Los familiares pueden dar su versión, pero este puede explicar otra muy distinta.

Es importante escuchar ambas partes y, lo más importante, encontrar un punto común de entendimiento. Abrirnos a comprender la versión del animal es imprescindible, porque no hacerlo es lo que podría originar muchos malentendidos. Es indispensable ponerse en sus propios zapatos y escuchar su versión de los hechos.

Este era el caso de Gala, una perra que me explicó que no le gustaba ir al pipicán porque se ponía nerviosa. Aunque eso le permitía encontrarse con algunos perros con los que le gustaba mantener contacto, la sensación que experimentaba allí era a veces de nerviosismo y no siempre se encontraba del todo a gusto. Su responsable, Salva, me dijo que él no lo veía del mismo modo, que le parecía que a su perra le gustaba ir al pipicán y que no dejaría de hacerlo. Salva tenía su versión de la historia, que era algo distinta de la de su perra. Yo le intenté explicar al chico que a Gala le gustaba ir al pipicán porque le permitía relacionarse con otros perros, pero que eso no era del todo beneficioso para ella cuando no se sentía en un entorno agradable ni tranquilo, y eso a la larga le podía generar estrés y ansiedad. Le dije que quizá debería encontrar otro entorno más tranquilo donde Gala pudiera socializar con perros y que fueran perros equilibrados.

Aunque no nos lo parezca, un pipicán puede llegar a ser un sitio no adecuado para llevar a un perro, si hay demasiada sobreestimulación, si hay una interacción intensa que no les ayuda a relajarse (no es un juego sano), si no se produce una correcta socialización entre los animales, si hay muchas personas chillando alrededor y corrigiendo, y por muchos otros motivos.

Ser tú mismo

Los animales nos dan una gran lección de autenticidad. Las personas podemos pasarnos la vida intentando ser alguien, mientras que los animales son lo que son. Si los dejamos ser quienes son, si los dejamos expresarse de manera natural y respetar su animalidad sin generarles traumas ni malas experiencias, se mostrarán tal y como lo que son, desde su ser más auténtico. Los animales no pretenden ser alguien distinto o algo diferente de lo que son. No se esconden bajo máscaras ni tienen dobles intenciones, ni tampoco se esfuerzan en «ser».

Para comprender cómo es el animal con el que convivimos, deberíamos dejar de mirarlo según nuestros propios filtros, con nuestras interpretaciones y condicionamientos. Debemos permitirnos mirar al animal sin todas esas ideas que tenemos preestablecidas de él, sino con una mirada limpia, como hacen ellos, sin juicios. Los animales ven lo que hay en nuestro interior, lo que emanamos, y nos devuelven esa mirada hacia nosotros de manera muy limpia y transparente.

¿Por qué nos sentimos tan bien al lado de un animal? Entre muchos motivos, porque ellos nos permiten un encuentro más auténtico y genuino, un encuentro de ser a ser, sin máscaras, y porque nos sentimos seguros a su lado, porque sabemos que no nos van a juzgar ni nos van a dañar intencionadamente.

Los animales no juzgan; ellos no tienen ego. Ven lo que ven, sin juzgarlo ni etiquetarlo. También actúan como actúan sin valorar sus actos, sin culpas y sin valorar los actos de los demás, solo viendo lo que es y lo que ocurre. De la misma manera, los animales nos reconocen por quiénes somos realmente, nos aceptan tal y como somos, y ven más allá de nuestras máscaras. Eso no quita que no les gusten ciertos aspectos nuestros en los que podemos mejorar y en los que nos harán incluso de espejo en alguna circunstancia. Pero los animales ven con transparencia y sin juicio, sin etiquetas, y nos valoran por quiénes somos en realidad, más allá de las carcasas que nos hemos ido poniendo para sobrevivir en el mundo exterior.

Y nosotros, ¿los vemos a ellos como realmente son?

EJERCICIO

Te propongo un ejercicio sencillo para ayudar a conectar con tu animal de una manera más limpia y sin etiquetas.

1. Coge una fotografía reciente de tu animal de familia, de esa misma semana. Asegúrate de que sea una imagen donde se le vean bien los ojos. Y ten a mano papel para apuntar.
2. Pon una mano o ambas en el centro de tu pecho o en tu corazón. Haz tres respiraciones profundas. Al inspirar y espirar, toma conciencia de tu cuerpo y de tu respiración.
3. Conéctate al latido de tu corazón. Siente cada uno de los latidos durante unos segundos, y mantente en un estado de presencia mientras sigues respirando y sintiéndote conectado a tu corazón.
4. En ese estado de presencia, coge la fotografía de tu animal y obsérvala durante varios segundos. Observa su mirada, y hazlo en un estado de neutralidad. Observa sin contarte ninguna historia sobre cómo es tu animal o sobre lo que tú sientes acerca de él. Mantén una mirada limpia y neutra. Mantente en presencia, conectado a tu corazón, observando a tu animal y su mirada. Si vienen pensamientos, déjalos ir, no te aferres a nada, mantente observando. Recuerda que se trata de mantener una mirada limpia, sin historias anteriores de cómo se supone que es tu animal (que tú te has contado acerca de él). Observa la imagen como si no conocieras al ser que tienes delante (tal y como crees conocerlo). Va a ser una nueva mirada hacia él.

5. A continuación, anota todas las sensaciones que te llegan al observar esa fotografía, al contemplar al animal con una nueva mirada limpia y neutra. Escribe cualquier cosa que te venga a la cabeza, por insignificante que sea, cualquier cosa que te transmita su mirada. Quizá una emoción te recorre el cuerpo, quizá te llega una imagen, un color o una palabra... Todo está bien, apúntalo y no lo juzgues. Pero recuerda: se trata de que veas más allá de lo que has visto hasta ahora, de las interpretaciones que haces de tu animal, de su forma de hacer o sus comportamientos que crees comprender o que etiquetas. Se trata de una mirada inocente, limpia y neutra.

    Si no te llega nada, también está bien. Aunque sea de manera inconsciente te está llegando información y estás conectando con su verdadera esencia, más allá de la imagen que tengas de tu animal o la imagen que podrías creer conocer.

6. Anota todo lo que te llegue sin juzgarlo.

Los animales no tienen ego

Admito que siempre he tenido dudas sobre este aspecto. ¿Los animales tienen ego? Según mi experiencia, hoy diría que los animales no tienen ego.

¿Qué es el ego? Es una buena pregunta, porque nunca he obtenido una definición exacta, para mí sigue siendo un concepto difícil de definir y con distintos sentidos o matices. Para reflexionar sobre el ego humano, podría empezar diciendo que a medida que las personas crecemos vamos construyendo nuestra identidad y a reconocernos como un «yo» separado de los demás; construimos una versión de nosotros mismos, nuestra personalidad y empezamos a pensar que somos de esa forma o de otra. Pero lo que pensamos que somos no es lo que somos en realidad. No somos nuestro ego, no somos esa autoimagen que hemos construido de nosotros mismos, ni somos esas capas o máscaras que hemos ido desarrollando. El ego es como esa voz que tenemos en la cabeza, esos pensamientos que no saben de nosotros mismos. Le solemos dar poder al ego, nos creemos que somos nuestro ego. A través de este y de nuestros pensamientos le solemos dar significado a todo lo que nos rodea. Y eso muchas veces nos lleva al sufrimiento.

¿Cómo saber si me estoy moviendo desde el ego? Cuando sientes culpa, cuando te sientes ofendida, cuando te victimizas, cuando buscas aprobación... Todo eso es ego. ¿Y qué tiene en común todo esto? Que no genera paz en tu interior. Cuando te mueves desde el ego, te mueves desde el miedo.

No he conocido hasta ahora un animal movido por el ego. Por ejemplo, no he visto un animal queriendo tener la razón, ni ofendido por las críticas, ni sintiéndose culpable.

Los animales tienen consciencia de sí mismos, pero no tienen ego. ¡Qué suerte la suya! Porque a los seres humanos el ego nos juega malas pasadas. Nos dejamos guiar por esa voz interna de nuestra mente, construimos conceptos e ideas a las que nos aferramos y las defendemos a capa y espada, nos identificamos con lo que creemos que somos, o, de lo contrario, rechazamos nuestro ego y eso lo alimenta aún más.

Los animales son conscientes de sí mismos, y son parte de la consciencia, son consciencia, como nosotras, las personas, también lo somos, y formamos todos parte de esa consciencia universal. Las personas, además, podemos ser conscientes de la consciencia, y este es nuestro gran potencial.

Tampoco he conocido un animal que piense mil alternativas de lo que debería haber hecho en vez de lo que hizo. Los animales no piensan en el largo listado de «y si...» que los humanos generamos en nuestra mente: y si hubiera hecho esto, y si hubiera hecho lo otro, y si me dice esto, y si me hace esto... Por ejemplo, no he conocido un gato que arañe a su persona porque no se siente a gusto con la situación y luego se sienta culpable por lo que ha hecho. El gato se ha sentido mal, porque su persona lo ha tocado cuando él no quería, o porque se ha sentido invadido, y él reacciona con su pata expresando su malestar. Pero luego no se siente culpable por eso y no piensa que debería haberse comportado de otra manera.

No nos damos cuenta del gran ruido mental que provocamos con el largo listado de «y si...» que nos ronda por la cabeza. Además, tiramos del hilo y prestamos mucha atención a esos pensamientos que van formando interminables cadenas y generan más y más densidad. Eso suele ocurrirnos a los seres humanos, que empezamos a imaginar opciones hipotéticas en un futuro con un largo listado de «y si...».

Por ejemplo, imagina que has pedido visita al veterinario para una revisión completa de tu gato. Es un gato adulto y, aunque le ves en buen estado físico, empiezas a darle vueltas en la cabeza sobre su avanzada edad y sientes cierto nerviosismo. Generas un sinfín de pensamientos que solo muestran opciones de futuro que no están ocurriendo ahora mismo, por ejemplo: «¿Y si le detectan alguna enfermedad? ¿Y si le encuentran algo maligno? Está ya muy mayor, ¿y si su cuerpo empieza a fallar?».

Párate unos instantes y, si eres sincero contigo mismo, verás que en muchas ocasiones empiezas a generar una larga cadena de pensamientos que provocan mucho cansancio mental y mucho estrés. Además, no nos damos cuenta de que esos pensamientos no solo generan mucho ruido interno, sino que nuestros animales también lo captan. Ellos no tienen ese ruido interno producido por la mente humana, pero sí que pueden verse afectados por el nuestro. Por eso es importante tener en cuenta que bajar el volumen de nuestra mente tendrá un efecto positivo en nuestros animales. La mente humana genera mucho ruido, y es necesario detenerse. Que la mente haga propuestas no significa que debamos hacerle caso ni engancharnos a ellas. Del mismo modo que nuestro corazón late y bombea sangre de manera natural, el cerebro piensa y lanza pensamientos constantemente, pero nosotros podemos decidir si creernos o no esos pensamientos, decidir si son reales, y dejar de darles atención y poder.

Este ruido mental del que hablo ve problemas donde no los hay y anticipa posibles amenazas que no están ocurriendo en el presente, ni se están produciendo por algo que sea tangible ni real en esos precisos momentos. Este ruido mental es el que puede llegar a descolocar a los animales, porque por naturaleza ellos no viven ni actúan de esta manera.

Volviendo al ejemplo de antes: tienes cita para tu gato (que *a priori* está en buen estado físico), para una revisión veterinaria rutinaria y tú empiezas a ponerte ansioso imaginando todas las posibilidades de peligros futuros que no existen, posibles malas noticias que pueden darte sobre su estado de salud porque consideras que ya es muy mayor. Tu gato, que está en casa veinticuatro horas al día, no comprende lo que sucede. El animal nota que estás nervioso, siente tu estado interno, y puede incluso oírte decir con angustia: «¿Y si le encuentran algo? Ojalá que todo salga bien; no puedo imaginar qué haría si el veterinario le encuentra algo malo a mi gato». El animal no comprende de dónde viene todo eso. Incluso le puede crear confusión porque no ve un peligro real en esos momentos, pero puede captar que hay algo que no va bien en el ambiente y llegar a contagiarse de esa energía, de esos pensamientos o emociones humanos.

Las personas nos preocupamos y podemos ver peligros donde no los hay; en cambio, los animales no operan de esta manera. Ellos reaccionaran cuando hay un peligro tangible, en un momento concreto, cuando hay algo que los hace sentir en peligro inminente. Lo que les genera también tensión y mucha confusión, pues es ese estado de nerviosismo y angustia nuestra provocada por ese ruido mental y esas emociones que se producen cuando no hay ningún peligro real que esté sucediendo.

Tenemos que ser conscientes, pues, de que no solo lo que hacemos puede afectar a nuestros animales, sino también lo que pensamos y lo que sentimos, por lo que hacernos cargo de nuestros pensamientos y emociones los puede ayudar a no cargar con el peso y a llevar una vida más equilibrada.

Los animales evitan el conflicto por naturaleza. También cabe decir que algunos animales que no estén equilibrados (por muchos motivos, incluso graves) y con mucho estrés pueden llegar a ver peligros donde no los hay; pero en general, los animales por naturaleza y en equilibrio no actuarían de este modo.

CAPÍTULO 6

Coherencia

La comunicación del ser humano con el animal debe ser desde la coherencia. Los animales nos «leen» a todos los niveles; lo que hacemos, decimos, pensamos y sentimos tiene que estar alineado en coherencia. Los animales solo nos comprenden desde la coherencia. No hay máscaras que valgan para ellos.

Lo que decimos vs. lo que hacemos...

Como las personas solemos ser mucho de hablar, voy a empezar centrándome en lo que decimos por un lado y lo que hacemos por el otro, y las posibles incoherencias que se derivan. ¿Nuestras palabras están alineadas con nuestros actos?

Hablamos mucho, decimos poco. Hablamos mucho, y a veces no decimos realmente lo que sentimos o lo que pensamos. A través de las palabras nos engañamos incluso a nosotros mismos. Enmarañamos las conversaciones y no siempre somos claros a la hora de expresarnos con palabras.

¿Alguna vez has dicho algo que no querías decir? ¿Alguna vez has dicho sí a algo cuando en realidad querías decir que no? ¿Has dicho alguna mentira piadosa? ¿O algo para quedar bien, pero que en realidad no lo sentías?

Los animales «dicen» todo lo que piensan. Su comunicación es limpia y honesta. ¡Tenemos tanto que aprender de ellos! Dicen lo que piensan, pero lo más importante es que comunican desde un espacio sin juicio, un espacio puro y limpio, desde el corazón. Creo que es importante puntualizar que la comunicación de los animales es desde el corazón, porque si no algunas personas se tomarían lo que estoy expresando como «venga, vamos a decir todo lo que pensamos sin filtro, sea lo que sea y afecte a quien afecte». No nos confundamos. Claro que podemos, y deberíamos, decir lo que pensamos, pero debemos atender primero el lugar interno desde donde emergen nuestras palabras. ¿Hablamos desde la rabia? ¿Hablamos desde el rencor? ¿Desde la envidia? ¿Desde el miedo? ¿O hablamos desde la honestidad y el amor?

Deberíamos atender nuestra energía interna, qué se nos mueve al hablar. Este trabajo interior los animales ya lo tienen hecho, ellos ya están conectados a sus emociones, y por eso pueden establecer una comunicación limpia, pura y clara. No disfrazan las cosas ni las tergiversan con palabras. Pero las personas podemos llegar a estar aún muy desconectadas de lo que sentimos, y las palabras que pronunciamos muchas veces están desvinculadas de nuestro propio ser. Al estar desconectados de nuestro ser y de lo que sentimos, podemos hacer cosas muy extrañas propias de los seres humanos: insultamos a otra persona con mucha rabia interior justificándolo con que esa persona se merece recibir ese trato, o, por el contrario, decimos unas palabras educadas pero cargadas de ironía, rabia y rencor. ¿Te ha sucedido alguna vez? Todos hemos pasado por eso, ¡no te preocupes! Lo importante es ser consciente de lo que se nos mueve en nuestro interior, porque si no corremos el riesgo de querer cambiar las palabras, disfrazarlas, o incluso contenerlas sin que ocurra ningún cambio en nuestro interior. En realidad todo es mucho más simple, todo pasa por el corazón, por conectarnos de manera honesta con nuestro sentir y ser coherentes.

Volviendo a la coherencia con nuestros animales... Tiene que haber coherencia entre lo que les decimos y lo que hacemos. Y hacer incluye todo lo que hacemos en silencio, porque, como ya he dicho, ellos sienten todas nuestras emociones (que parten de un pensamiento muchas veces inconsciente), aparte de nuestros actos más tangibles. No sirve de nada decirle a un animal que se está poniendo nervioso: «No pasa nada, todo está bien», mientras tú estás atacado de los nervios. Ya puedes decirle que «todo está bien», que sin embargo tu estado interno de nerviosismo le confirmará que es una situación de tensión y nerviosismo.

Imagínate que vas con tu gato en el coche y pasas por delante de unos vehículos accidentados. Se forma caravana y empiezas a impacientarte porque llegas tarde a un compromiso. Cuando consigues atravesar los coches accidentados no puedes evitar mirar la imagen del accidente, y te crea angustia ver a la persona accidentada tirada en el suelo. Tu gato empieza poco a poco a maullar y a ponerse inquieto, y tú le dices: «No pasa nada, estate tranquilo», mientras tú estás preocupado y angustiado. Por más que le digas que todo está bien, el animal nota tu estado interno, que en este caso, por ejemplo, le confirma que hay un peligro o una posible amenaza o conflicto.

Paula se puso en contacto conmigo para que la ayudara con Sam, un gato muy asustadizo que tenía en acogida y que no conseguía adaptarse del todo. Ya había estado en otras casas de acogida anteriormente, pero la experiencia no había ido bien. Sam no se adaptaba y parecía estar más a gusto con Paula, así que decidió volver a traerlo a su casa. En muchas ocasiones bufaba y tiraba la zarpa a su familia. Sam me expresó en la comunicación que sentía presión y estrés por la intención de las personas de tocarlo. Le generaba desconfianza el contacto humano porque anteriormente no habían respetado su voluntad de no querer ser tocado. Pero pese a que ya no lo tocaban en muchas ocasiones, Sam seguía notando las intenciones de las personas de querer tocarlo, y eso seguía generándole desconfianza. En la comunicación, Sam siempre me insistía en las expectativas que tenían depositadas en él, en las expectativas de su familia para poder acariciarlo algún día y en las intenciones que tenían de hacerlo. Daba igual que no lo tocaran, pues él podía sentir sus intenciones. Sam expresó que en esos momentos de su vida necesitaba que respetaran su espacio, que los movimientos siempre fueran muy sutiles y en ningún momento bruscos, y especialmente que no hubiera nunca la intención de tocarlo. Su familia reflexionó mucho con las palabras de Sam y creo que eso ayudó considerablemente en el proceso, así como el acompañamiento con esencias florales. Después de unos meses, Paula me contactó para contarme que Sam estaba mucho más confiado, que había más armonía en su hogar y que incluso pedía mimos a algunos miembros de la casa con los que anteriormente había rechazado tener contacto.

En este caso, la coherencia sería la siguiente: no toco al gato y además no tengo ninguna intención de tocarlo. Es decir, no voy a hacer ningún gesto para tocarlo y además no voy a tener expectativas sobre el gato (no voy a pensar, por ejemplo: «El gato debería dejarse tocar en algún momento») ni crearé ningún pensamiento del tipo: «Qué gato más arisco que no se deja tocar», o: «Si no se deja tocar es que no me quiere». No voy a proyectar en el animal mi propia necesidad de acariciarlo, y voy a dejar que fluya la relación entre dos seres de manera natural. Que permita que lo toquen o no deja de ser lo importante en la relación, y la atención se centra en lo que realmente importa: una relación de respeto, empatía y fluidez.

Los animales pueden llegar a captar incluso nuestras imágenes mentales, es decir, todo aquello que imaginamos una vez tras otra en nuestra mente sin necesidad de verbalizarlo. Recordemos que todo eso también es energía y puede llegar a ser percibido.

> Recuerdo a Clip, un conejo adorable, sensible y asustadizo, que me expresó que le parecía bien que su responsable, Claudia, pusiera una cestita en su bicicleta para poder ir los dos más cómodamente a los sitios. Claudia quedó muy sorprendida tras recibir la comunicación que tuve con Clip, pues hacía días que ella cavilaba sobre esta idea y miraba por internet cestas para poner en su bicicleta y así llevar a Clip al veterinario sin tener que usar el transporte público. Me comentó que no se lo había dicho a nadie, no había verbalizado aún esa posibilidad, pero sí le estaba dando vueltas en la cabeza a la idea de la cesta.

Me gustaría hablar acerca de nuestra coherencia interna, la que cada uno de nosotros sentimos. Y eso tiene que ver con un proceso muy personal e individual. A veces debemos tomar decisiones y basarnos en lo que resuena en nuestro interior, y en nuestra propia coherencia interna. Que sea coherente para mí no quiere decir que lo sea para ti. Pero si yo decido bajo mi coherencia interna, sentiré paz con la decisión, y eso me bastará. Y no juzgaré las decisiones de los demás, porque estarán tomadas bajo su coherencia interna. Para poder actuar desde una coherencia interna, debe haber una escucha interior muy profunda, una atención y un conocimiento de nuestro ser.

De alguna manera esto me sirve para que reflexionemos sobre la coherencia de cada animal. Cada animal vive y actúa según su propia coherencia, y, por lo tanto, debemos ponernos en su piel y en su lugar para comprender los motivos de sus actos, y no guiarnos por nuestra coherencia, que lejos de ser coherente está en muchos casos un tanto distorsionada.

Si queremos ayudar a nuestros animales, deberíamos ser coherentes con lo que les decimos y lo que hacemos, así como lo que pensamos y sentimos de manera más o menos consciente. Si todo esto no está alineado, si nos mostramos de manera «desordenada» en lo que les decimos y lo que hacemos, el animal no comprende nada y no podrá avanzar o mejorar si lo requiere.

Si, por ejemplo, un animal es muy insistente y está constantemente pidiendo atención de una manera tan desmesurada que genera ansiedad en el animal, no sería muy coherente por nuestra parte decirle: «No, déjame en paz», y darle una caricia o algo con lo que se entretenga (un juguete, un premio). Lejos de ayudar a que el animal se relaje, esto podría reforzar este tipo de comportamientos en él, lo que mantendría su ansiedad y necesidad de seguir insistiendo de manera poco respetuosa. Si además pensamos que nuestro animal es un poco plasta, nos enfadamos con él, queremos que nos deje en paz, pero a la vez le damos atención y nos da pena que no tenga la atención siempre que la quiera..., estamos metidos en el embrollo de esa incoherencia. Nuestros mensajes hacia el animal son incoherentes y muy confusos para él.

MEDITACIÓN

Mantenernos en un estado de presencia nos ayuda en muchísimos aspectos de nuestra vida y nos aporta vivir desde una mayor neutralidad y coherencia. Por ello, a continuación voy a compartir una meditación de conexión a la Tierra, que puedes hacer tantas veces como desees. Yo personalmente practico esa conexión casi a diario antes de mis prácticas, ya sean estas personales o de acompañamiento a las familias y animales, porque me ayuda a mantenerme en un estado de presencia y conexión conmigo misma.

La madre Tierra es un ser vivo con su propia frecuencia, y como está armonizada, al conectarnos con ella facilitamos la armonía y el equilibrio en nosotros.

Durante la meditación oirás la palabra «chakra». Los chakras son vórtices o centros de energía que se ubican en distintas partes de nuestro cuerpo y funcionan como reguladores del flujo de energía vital, pues reciben, acumulan y distribuyen la energía por todo nuestro cuerpo. Concretamente, en la meditación te guiaré para que conectes tu primer chakra con el centro de la Tierra. Este chakra, también llamado chakra raíz, está ubicado al final de tu columna vertebral, entre el ano y los órganos sexuales. Cuando oigas nombrar al primer chakra, deberás imaginarte a tu manera que en esa zona está el centro de energía, ubicándolo con tu imaginación o poniendo tu intención. Este primer chakra es el responsable de anclarnos a la Tierra y de ayudarnos a sentirnos seguros, conectados al presente, con mayor estabilidad, confianza y armonía. Nos ancla al presente. Al ser el primer chakra, es la base para ir trabajando los otros, y además es donde se concentran muchas memorias de traumas por sanar. Es el chakra que sustenta al resto de los chakras (de ahí también su importancia como buena base), que van ascendiendo por las diferentes partes de nuestro cuerpo.

Antes de empezar la meditación, busca un sitio cómodo donde te puedas sentar con los pies en el suelo (si lo prefieres, puedes descalzarte, pero no es imprescindible). Asegúrate que sea un espacio en el que no pueda interrumpirte nadie y en el que puedas estar tranquilo durante los minutos que dura la meditación.

CAPÍTULO 7

Problemas en la convivencia

Detectar a tiempo un problema en la convivencia facilita la comprensión y la solución. Los problemas sostenidos en el tiempo generan ansiedad en el animal y pueden intensificarse, haciendo más evidente que algo tiene que cambiar. Debemos prestar atención a todo lo que acontece en el día a día para detectar el conflicto, que el mismo animal también nos puede comunicar: convivencia en casa, escasa estimulación, falta de entretenimiento o juego, la relación con las personas, la relación con otros animales, socialización, dolores, miedos, vínculo con sus personas, etc.

Debemos cambiar el prisma: no hay animales problemáticos, hay problemas que atender y solucionar, para ello debemos comprender la base y su raíz. A veces puede ser una combinación de varios frentes abiertos, y en tal caso se deberá priorizar aquel que permita al animal bajar más rápidamente los niveles de estrés.

Cuando me contactan para hacer un acompañamiento con terapias para sus animales puede ser por distintos motivos, pero en la mayoría de los casos suele haber un problema en la convivencia con el animal. Empezaré por un tema que no es frecuente tenerlo mucho en cuenta (o no todo lo que se debería) y que podría afectar mucho al animal y a sus comportamientos.

Dolencias físicas

Muchas veces no nos damos cuenta de que la parte física afecta al estado anímico del animal y a su conducta. Tratar la parte física también es importante dentro de los «problemas de convivencia». Si un animal se encuentra mal o tiene dolores, eso puede derivar en ciertas conductas. A veces se nos olvida el gran estrés que produce en nuestros animales sufrir dolores (que en muchos casos no pueden expresar abiertamente como lo hacemos nosotras las personas, si no es a través de una comunicación telepática).

¿Cómo te sientes tú cuando te encuentras mal? ¿O cuando tienes un dolor agudo permanente en tu cuerpo? Dolor de cabeza, muscular, estomacal, cambios hormonales, etc. Ponte en esas situaciones y recordarás que eso también te afecta en cómo te sientes y en cómo interactúas con los demás, ¿verdad? Te sientes más irritable, irascible, intolerante, tenso, malhumorado, saltas con más facilidad, no quieres hablar con nadie... Eso mismo les ocurre a nuestros animales. Los podemos notar más apagados según la dolencia que tengan, pero también pueden estar más nerviosos, reactivos, irascibles y tensos.

Es necesario ayudarlos con una buena revisión veterinaria para descartar enfermedades o dolencias, y asegurar que el animal está en un buen estado de salud. Y hay que estar muy atentos, por si hace movimientos extraños, si de repente tiene un comportamiento inusual, si se aleja o no quiere ser tocado en una determinada zona, etc. Es muy importante identificar si hay algo que va mal a nivel físico, especialmente todo lo que tiene que ver con temas musculares, de huesos y articulaciones. Al detectarlo es más fácil buscar ayuda veterinaria y realizar las pruebas y tratamiento precisos para su mejoría, antes de que la situación empeore. Hay muchas otras maneras de darnos cuenta de que nuestro animal sufre dolores, y es necesario estar muy atento a ello.

Incluso si el animal ya ha llegado a nosotros en un determinado estado, no debemos normalizarlo. Por ejemplo, un animal que se rasca muy a menudo desde que lo adoptamos no es algo que debamos normalizar, sino que hay que ir más al fondo de la cuestión de estos rascados, ya que pueden tener distintos orígenes. Hay que asegurarse de que le demos las atenciones veterinarias necesarias para su bienestar físico, emocional y mental, y ver al animal como un conjunto, tratándolo a nivel holístico.

Poder expresar a través de una comunicación si sienten malestar en algún área de su cuerpo, o expresar ciertos síntomas, puede ser de ayuda como complementación. Es importante tener en cuenta que una comunicación nunca sustituye ni sirve para realizar un diagnóstico veterinario, esta no es su finalidad, pero puede ayudar (si se da el caso) a complementarlo, o nos ayuda aportando la visión del animal.

A veces malinterpretamos ciertos comportamientos extraños en nuestros animales, le damos un significado que no es, y en ocasiones detrás de ese comportamiento hay en realidad una dolencia física que necesita ser atendida y ayuda veterinaria.

Este era el caso de Mia, una preciosa perrita que había sido rescatada de un criadero en el que era obligada a tener bebés en muy malas condiciones. Llegó a su familia adoptante con una de sus patitas fracturada y la trataron con ayuda veterinaria. Aunque seguía haciendo un movimiento algo descompensado al caminar, podía llevar una vida normal. Su responsable, Ana, me contactó porque cada vez que salían a la calle la perrita se paraba y no quería caminar. Conseguía convencerla para que anduviese y cuando llegaban al parque ella se animaba y corría junto a los demás perros. Ana no lograba entender por qué al salir se paraba cada vez en la puerta de la casa. Mia me comentó en la comunicación que no solo le dolía la patita, sino que también le dolía mucho la columna, y ese era el motivo por el que se detenía cada vez que salían. Efectivamente, volvieron a hacer pruebas de nuevo y encontraron una lesión en la columna. Ana me contactó al cabo de un tiempo para informarme de que le habían estado haciendo tratamiento y rehabilitación y que desde entonces ya no se paraba en la puerta de su casa.

Su familia pensaba que no era un problema físico, porque en el parque Mia parecía contenta, jugando y corriendo, pero en realidad sí había una dolencia que le afectaba. Yo les expliqué posibles interpretaciones al respecto (aunque podrían ser diversas). Dependiendo del tipo de lesión que tuviera la perra, posiblemente como su cuerpo aún estaba en «frío» le dolía más al salir a la calle, pero a medida que lo ponía poco a poco en movimiento su cuerpo se iba activando y calentando, y su dolor podría disminuir y aumentar su capacidad de movilidad. Asimismo, quizá al estar haciendo algo que le gustaba mucho, como estar en el parque con sus amigos perrunos, le hacía estar más centrada en disfrutar de esa experiencia, así como que el cuerpo lo sentía menos dolorido.

Una comunicación nunca se debe realizar con un objetivo médico, nunca sustituye a una revisión ni a un diagnóstico veterinario. Si el animal tiene algún síntoma de dolencia, lo primero es ir urgentemente al veterinario y hacer una revisión. Con estos ejemplos de comunicación animal solo quiero reflexionar sobre la relación que existe (y que muchas veces obviamos) entre un cambio de comportamiento asociado a un posible dolor o patología. Es muy importante observar los comportamientos de nuestros animales y descartar que no haya ningún tipo de dolencia física.

Los dolores crónicos afectan al comportamiento del animal, como nos sucedería a nosotras las personas. En este caso nos podemos poner en su piel. Un animal con dolor crónico puede estar más irascible, irritable o incluso tener comportamientos agresivos. Pueden sufren intolerancias alimentarias o alergias con picores constantes en todo su cuerpo. Todo esto es un desgaste físico y emocional para el animal, y que necesita de la ayuda médica.

También hay que tener en cuenta que, al igual que nos sucede a las personas, algunos animales tienen el umbral del dolor más bajo o más alto, es decir, su sensibilidad o capacidad de tolerancia al dolor puede ser distinta.

En varias ocasiones me han contactado para ayudar en situaciones de gatos que orinan fuera del arenero de manera regular. Es muy importante nunca reñir al gato por ello. Fuera de lo que es un marcaje, el gato que orina fuera del arenero solo está intentando expresar que algo no va bien y que necesita ayuda, por lo que si le reñimos empeorará la situación, y si se alarga mucho en el tiempo puede llegar a cronificarse. Los gatos son limpios y no deberían tener ningún problema en hacer sus necesidades dentro del arenero, por lo que si un gato empieza de repente a orinar fuera de este, hay que descartar que no haya ningún tipo de dolencia. Entre muchos otros posibles motivos, detrás de una micción fuera de lugar podría haber estrés, que al afectar a su sistema inmunitario podría derivar en otros problemas de salud. Es importante revisar su estado y cualquier tipo de afectación física o dolor, especialmente también los problemas urinarios, y nunca castigarlo por ello, sino informarse debidamente con un veterinario de confianza.

En ocasiones podemos castigar a nuestros animales, y hacerlo de manera injusta (aunque no hay justificación posible para el castigo en ningún caso), pero menciono el tema del castigo en este caso porque las personas nos podemos enojar mucho, especialmente cuando vemos micciones fuera del lugar que le corresponde, como en sofás, camas y otros lugares. No atendemos a lo que el animal está queriendo expresar, no comprendemos por lo que está pasando.Y en vez de darle soporte o brindarle ayuda lo castigamos, debilitando así nuestro vínculo y acentuando el problema.

Hablando de castigos o correcciones, este es un gran foco de problemas en la convivencia, que sin quererlo generamos los seres humanos en los animales.

Cómo acompañar al animal (sin correcciones ni castigos)

Antes de meternos en el meollo, para mí es importante que todos comprendamos que nuestros animales están haciendo un esfuerzo grande por intentar adaptarse a un mundo humano. Parece muy obvio lo que digo, pero se nos olvida a menudo y es de vital importancia para poder acompañarlos en sus miedos e inseguridades. Los seres humanos hemos construido un mundo un tanto complejo y alejado de nuestra propia naturaleza. Ciudades repletas de gente, con muchos ruidos, con muchos coches, prisas, movimientos rápidos y acelerados, mucho estrés, ansiedad, depresión... Aunque las personas lleguemos a pensar que esto es lo normal porque estamos acostumbradas a ello, no nos beneficia el ritmo frenético en el que nos encontramos absortas ni toda la cantidad de estímulos que nos impactan diariamente. Sin hablar de cómo nos relacionamos nosotros con el resto de los seres. Este mundo que hemos creado puede resultar difícil de encajar para muchos animales con los que convivimos. Su adaptación y normalización dependerá de muchos factores, entre los cuales está la naturaleza de su especie, el carácter específico del animal, su capacidad de gestión emocional, el entorno donde vive, sus tiempos, sus traumas desde pequeños, sus predisposiciones genéticas, su salud, etc. Y a veces se nos olvida que nuestro adecuado acompañamiento es un factor de vital importancia y que puede marcar la diferencia.

¿Cómo podemos acompañar a nuestros animales en su adaptación a este mundo? Con respeto, empatía, paciencia, coherencia y entendiendo sus necesidades. En vez de acompañarlos y ayudarlos, solemos corregir y castigar todo lo que nos molesta del animal, todo aquello que nos resulta desagradable. Esto tiene graves consecuencias para el animal: no lo ayuda, debilita el vínculo y no comprende lo que está pasando. En ocasiones, algunas personas me han dicho que su animal sabe perfectamente que no está haciendo las cosas bien cuando lo riñen. Es decir, que piensan que al reñir al animal él se retrae o reacciona de tal manera que sabe que se ha portado mal o ha hecho algo mal. Esta es una versión limitada de la realidad, es una interpretación errónea humana. Para empezar, un animal no conoce lo que está bien o lo que está mal. Esa dualidad solo existe en el campo mental humano en esta dimensión en la que nos movemos. Un animal hace lo que hace porque lo siente, y tiene un sentido. Lo que hace siempre esconde un sentido detrás. En lugar de escuchar ese sentido y comprender cómo podemos ayudarlo, puede ser que decidamos reñirlo, y que nos pensemos que al hacerlo él se está dando cuenta de que ha hecho algo mal. Pues bien, en realidad el animal observa la reacción de la persona (en este caso el castigo o la corrección) que no es una reacción agradable para él, y le puede producir miedo o cohibirlo, pero eso no quiere decir que el animal sienta o comprenda que eso que ha hecho estaba mal. Insisto: el animal no ha hecho nada malo, ha hecho algo que quizá a la persona le ha molestado, y se trata de comprenderlo y ayudarlo en el caso de que eso cree un conflicto en la familia o en la convivencia.

En el ejemplo de un gato que orina fuera del arenero, si su persona le riñe mientras está orinando en el sofá, el gato puede salir huyendo (entre diferentes reacciones que podría tener). Pero no huye porque sabe que lo que hace está mal, en realidad huye porque le da miedo la reacción furiosa de su persona y sus consecuencias, y quiere evitar un conflicto. Puede incluso que la próxima vez que orine fuera del arenero lo haga a escondidas de la persona por miedo a que esta se enfade, para evitar que le riña, pero no se oculta porque piense que está haciendo algo mal, sino que tiene miedo a las represalias que sabe que ocurren cada vez que él orina fuera de lugar. El gato no comprende por qué la persona se pone furiosa, solo está expresando que su micción es dolorosa, o que le duele otra parte del cuerpo y por eso orina en otras superficies que no sean su arenero, o está contando que algo no va bien o que no es de su agrado... El gato ha aprendido que la persona se pone furiosa cuando se orina y por eso se anticipa a la reacción de la persona.

En cuanto a la difícil adaptación de los animales en nuestro mundo, posiblemente van a surgirles miedos, y debemos ayudarlos. La forma de expresar los miedos es distinta en cada animal. Las correcciones y los castigos cuando un animal está reaccionando o está expresando miedo tienen consecuencias de estrés y en el comportamiento del animal, y pueden derivar en problemas más graves, además de que se está suprimiendo su esencia. No tiene sentido castigar, y menos, castigar el miedo. A veces estamos tan acostumbrados como sociedad a corregir que no somos conscientes de que lo hacemos también con nuestros animales y que les inculcamos miedo. Tomar conciencia de ello es importante, es el primer paso, y ver que existen alternativas respetuosas, que además comprendan por qué el animal actúa de una determinada manera y ver la forma de acompañarlo con empatía.

Propongo que hagamos una lista del número de veces al día que chillamos a nuestros animales o les decimos palabras del estilo «no», «basta», «tsshhh» o similares. Este es un buen ejercicio para tomar conciencia. Y también para empezar a reflexionar sobre la cantidad de veces que les decimos «muy bien» o «bien hecho».

En el caso específico de los perros, quisiera comentar acerca de la reactividad. Los perros con reactividad reaccionan ante algo o ante una emoción de forma activa o pasiva. Pueden tener reactividad a otros animales, al movimiento, a los ruidos, a objetos externos como las bicicletas, a las personas, etc. Un animal que reacciona de forma activa atacará, irá hacia eso que le genera conflicto; en cambio, un animal que reacciona de forma pasiva tenderá a defenderse o a huir de aquello que le preocupa, o a hacer un exceso de señales de calma si no puede evitar el conflicto.

Normalmente, a las personas nos es más fácil identificar a los animales que reaccionan de manera activa, porque es más obvio, y a la vez nos molestan más sus reacciones: un perro que se lanza hacia las bicicletas, un perro ladra al vecino o cuando oye ciertos ruidos... Pero la reactividad está en ambos casos, de manera activa y pasiva, y es importante ser muy observadores para identificarla y poder ayudar al animal.

Cuando un animal tiene miedos debemos atenderlo, comprenderlo y acompañarlo en sus miedos. Castigar, corregir, reñir, chillar, imponer, dominar..., todo eso no ayudará. Muchas veces no nos damos cuenta de los miedos que hay detrás de ciertos comportamientos en nuestros animales. Y si castigamos los miedos o intentamos eliminar una reacción, eso agravará el problema o solo conseguirá que el animal pare momentáneamente su reacción por miedo a las represalias.

La coherencia también es importante, como ya he comentado. Cuando acompañamos a un animal en estas situaciones, tiene que haber mucha coherencia en nuestra comunicación y en nuestros actos para que él lo comprenda y pueda sentirse acompañado en el proceso.

Martina llevaba a su preciosa perra Sol a una especie de «colegio» donde podía relacionarse con otros perros en el parque y aprender, mientras ella trabajaba fuera. Era una perra con miedos y con algunas reactividades. Uno de esos días, Sol se escapó y supo volver a su casa, donde por suerte esperó delante de la puerta a que su responsable volviera del trabajo. Martina ya llevaba tiempo dudando de si ese lugar era adecuado para la perra y si los métodos que utilizaban le hacían algún bien, así como la forma en la que se relacionaban con la perra.

Cuando la perra se escapó, fue el detonante para que su responsable pusiera cartas en el asunto. Por ese motivo, Martina me solicitó una comunicación con Sol, en la que la perra me dijo que tuvo mucho miedo al ver cosas moviéndose detrás de un árbol (me mostraba imágenes de hojas moviéndose por el viento, así como otros objetos, como una bolsa de plástico volando y una figura de una persona detrás del árbol). Todo eso la asustó y huyó en dirección hacia su casa. Entre muchas cosas que la perra explicó, y de las que se sentía a disgusto, hubo un detalle que le hizo hacer el clic a Martina y saber que los métodos que utilizaban con la perra no eran los adecuados para ayudarla con sus miedos.

Sol me explicó que no le gustaba que las personas se impusieran ni que usaran silbidos, que no le gustaba que llamaran a los perros con ese tipo de sonidos, que esas llamadas la ponían nerviosa y que ella era muy sensible a ese tipo de frecuencias o sonidos. Cuando le transmití la información a Martina, enseguida conectó con esa información. Me explicó que había una persona con la que Sol estaba en el parque que usaba muy a menudo un silbido extraño para dar órdenes. Además, esa persona alardeaba diciendo que Sol le hacía mucho caso ya que se acercaba cuando la llamaba, y que gracias a ella era una perra muy obediente. Con la información de la comunicación, ahora Martina sabía que Sol no obedecía porque estuviera a gusto con esa situación, sino por otros motivos.

Sol solía ladrar a personas y a otros perros por la calle si se le acercaban, era una perra con miedos e inseguridades, y en vez de acompañarla en sus miedos adecuadamente, le hacían obedecer a llamadas con sonidos desagradables para ella, o le daban tirones de correa cada vez que ladraba o que hacía algo que ellos consideraban incorrecto. Eso cohibía a la perra o en ocasiones incluso aumentaba su reactividad, pero nunca solucionaba el problema ni ayudaba a que Sol se sintiera mejor. Además, la perra contó que había demasiada excitación y nerviosismo entre los perros, en la forma en cómo se relacionaban, y eso generaba estrés en Sol.

La comunicación con Sol fue la confirmación definitiva. Martina ya no tuvo más dudas y dejó de llevar a su perra a ese lugar. Decidió seguir apoyándola y buscó a unos profesionales que la ayudaran a comprender los miedos y las reactividades de su perra, y que le enseñaran de manera respetuosa a acompañar a Sol a superar sus miedos, para llevar una vida más armónica y relajada. No se trataba de conseguir que la perra fuera obediente o que hiciera lo que los demás querían o que se cohibiera, se trataba de comprender los temores que había detrás (preocupación por los sonidos y movimientos, miedo a las personas y a otros perros...), y trabajar de forma respetuosa en todos ellos. Martina me cuenta que, hoy en día, han mejorado en muchos aspectos y que siguen trabajando juntas, y su vínculo se ha fortalecido aún más.

¿Desde qué lugar queremos ayudar al animal?

Esto puede marcar la diferencia. No es lo mismo querer solucionar un problema en la convivencia con nuestros animales porque eso nos molesta mucho a nosotros, que querer solucionar un problema en la convivencia porque desde el amor queremos comprender, ayudar y acompañar a nuestro animal, responsabilizándonos de la parte que nos toca como responsables del animal.

La diferencia es muy sutil, y a veces no nos podemos dar cuenta desde qué lugar estamos queriendo un cambio en la situación con nuestros animales. Así que hacerse esta pregunta puede ayudar a reflexionar sobre los bloqueos que aún se están dando en la relación y la convivencia.

¿Queremos solucionar el problema para «quitarnos un marrón de encima»? ¿O queremos solucionar el problema porque queremos una vida armónica para nuestro animal? (y como parte de la familia que es, eso aportará armonía en nuestro hogar y a nosotros por ende). Esta segunda opción es la que nos permitirá abrirnos de corazón a comprender la situación y el problema, a acompañar a nuestros animales desde la empatía, a aprender de la experiencia y a evolucionar.

Peligros

El miedo es la consecuencia de haber sufrido un peligro real y haber activado los mecanismos de supervivencia, y haberlo llevado a un plano mental. Es lo que hace que un animal active su mecanismo de supervivencia ante un riesgo inminente, como puede ser la llegada de un depredador que vaya a iniciar una persecución para comérselo. Ante este peligro de supervivencia real, se activan los mecanismos de supervivencia en el animal que puede ser cazado, para permitirse huir o atacar (principalmente, aunque en algunos casos también existe el bloqueo o la paralización). Cuando un animal siente una amenaza real de este tipo, se activa todo un conjunto de reacciones en su organismo que puede suponer la diferencia entre la vida o la muerte. Se activa el sistema nervioso simpático, que produce una descarga de hormonas, aumenta la frecuencia cardíaca y lleva la sangre a la musculatura (para poder huir y correr), etcétera.

El animal solo activa los mecanismos de supervivencia cuando hay un peligro real tangible. Si ese peligro desaparece, es decir, si el depredador desaparece, el animal deja de activar esos mecanismos y vuelve a la «tranquilidad». Es un acto de supervivencia. Si no hay ninguna amenaza inminente, el animal sigue haciendo su vida normal, sigue pastando para alimentarse (no deja de ir a pastar por miedo a ser cazado). Está atento, pero no en alerta.

¿Y qué sucede en las personas? Pues que activamos este miedo y todo el mecanismo de supervivencia asociado sin que haya un riesgo real inminente que amenace nuestra integridad física. Mientras el animal está tranquilamente pastando sin plantearse qué haría si viniera un depredador a atacarlo, el ser humano, sin que haya un depredador inminente, activa esos mecanismos de supervivencia. El ser humano empieza a elucubrar sobre si va a venir o no el depredador, se preocupa y empieza a imaginar posibles escenarios futuros que activan todas las hormonas del miedo. Sostenido en el tiempo, este comportamiento tiene consecuencias de estrés. Históricamente el miedo tenía una función importante para el ser humano, que era llevar a nuestro organismo a la supervivencia. Pero lo que sucede en la actualidad es que usamos y sentimos el miedo para imaginar lo que puede llegar a pasar, o sobre recuerdos pasados, etc.

Si un animal prevé un peligro, pondrá en marcha la respuesta de estrés anticipada, pero solo cuando prevea ese peligro, cuando ese peligro sea real. En cambio, las personas activamos esa misma respuesta fisiológica por motivos psicológicos y de otro tipo, y que prolongados en el tiempo pueden tener graves consecuencias. Lo hacemos mucho antes de que el acontecimiento se produzca, por ejemplo, cuando padecemos estrés por cosas sin razón aparente, por situaciones sobre las que no podemos hacer nada al respecto y por acontecimientos lejanos en el tiempo.

Los animales no deberían padecer estrés de manera anticipada por sucesos que no están ocurriendo ahora o en un corto tiempo. Los animales de familia no deberían ver peligros donde no los hay. Eso lo solemos hacer las personas. Ellos no tendrían conflictos de supervivencia si no fuera porque conviven con el ser humano. Además, recordemos que el miedo es contagioso, de modo que podemos contagiarles nuestros propios miedos. Ante nuestros miedos que no son reales, se activan todos los mecanismos de supervivencia comentados anteriormente, que son percibidos por nuestros animales, y sin comprenderlos les pueden producir un estado de alerta, amenaza o conflicto.

Personas y animales altamente sensibles

Al igual que existen PAS (personas altamente sensibles), esta condición se podría extender a otras especies de animales no humanos. Aunque hasta la fecha no hay apenas investigación o estudios que lo demuestren, podríamos considerar que hay muchos animales que son altamente sensibles (que no se haya estudiado en profundidad no quiere decir que no exista).

¿Qué es una persona altamente sensible (PAS)?

Es un rasgo de la personalidad que descubrió la psicóloga Elaine Aron a mediados de los años noventa. Se trata de un rasgo que está en nuestros genes, es decir, no es ningún trastorno ni ninguna patología. Nacemos con esta característica de la personalidad, que de por sí es neutra.

Encontramos este rasgo en dos de cada diez personas en el mundo, hombres y mujeres por igual, y también en muchas especies de animales no humanos.

Yo me atrevería a decir que las personas que ahora mismo están leyendo este libro posiblemente superarían este 20 por ciento promedio PAS a nivel global. Porque por el mero hecho de leer este libro muy probablemente ya indique que eres una persona empática, que sientes gran empatía por los animales, y que posiblemente cumples otros rasgos de una PAS que ahora mismo te iré desvelando.

Para calificarse con este rasgo PAS, según Elaine Aron, se deben reunir los siguientes cuatro pilares o características simultáneamente.

Cuatro pilares PAS (denominados DOES):

1. Procesamiento de la información de manera muy profunda (D: *depth of processing*).

   ¿Le das muchas vueltas a las cosas? ¿Tienes que profundizar en prácticamente todo? ¿Cualquier decisión que debes tomar implica tiempo y sopesar todas las opciones detenidamente? ¿Reflexionas sobre cualquier tema de manera profunda?

   Las PAS reciben mucha información simultánea y la procesan de una manera muy intensa y profunda; para ellas nada es banal, sino que se toman las cosas muy en serio y a pecho.

2. Sobreestimulación debido a un exceso de información (O: *overstimulation*).

   Las PAS reaccionan de forma más sensible a todo lo que sucede alrededor, a todos los estímulos externos, como pueden ser los sonidos, los olores, el contacto, la temperatura, etc.

   Con unos sentidos posiblemente más desarrollados o afinados, las PAS reciben tanta información a la vez que se pueden llegar a sobresaturar, y se sienten fácilmente sobreestimuladas y sobreexcitadas. Para su bienestar, sería fundamental no permanecer de forma muy prolongada en esos estímulos, para no llegar a esa sobresaturación.

3. Emocionalidad intensa y gran empatía desde el corazón (E: *emotional reactivity & empathy*).

   ¿Alguna vez te han dicho que eres un exagerado por vivir con mucha intensidad una emoción? Las PAS tienen las emociones siempre a flor de piel, y viven con mucha intensidad y emocionalidad. Las emociones se sienten y se viven de manera muy o demasiado intensa, a veces incluso de un modo abrumador.

¿Te emocionas rápidamente por cualquier cosa? ¿Te emocionas al contemplar una puesta de sol? ¿Sientes una gran emoción al ver el vuelo de un pájaro? ¿O contemplando la belleza de una flor? ¿O al ver una sonrisa de otra persona? ¿Lloras con facilidad? Y, a la vez, no solo te puedes emocionar intensamente con la belleza de las cosas y con situaciones que te rodean, sino que también puedes sentir mucha tristeza y una gran emocionalidad ante otro tipo de hechos intensos.

Además, las PAS se preocupan y sienten mucha empatía por los demás, con lo que rápidamente captan cómo están las personas (o seres) de su alrededor, percibiendo su estado anímico.

4. Elevada sensibilidad al mundo sutil (S: *sensing the subtle*).

Las PAS tienen una alta sensibilidad sensorial. No solo tienen los sentidos posiblemente más desarrollados o agudizados, sino que son sensibles a las sutilezas, por lo que detectan pequeños cambios en el ambiente y en el estado emocional de las personas que las rodean, algo que puede incluso ser incomprensible para las personas no PAS de su entorno.

¿Entras en un lugar y en microsegundos notas que hay un ambiente hostil? No sabes por qué, pero percibes esa sutileza en el ambiente y decides marcharte... ¿Hablas con una persona y un pequeño gesto en su expresión facial o su tono de voz te hacen detectar un cambio de humor en esa persona? (algo casi inapreciable para otros). Las PAS captan los cambios más sutiles en su entorno, de todo tipo, emociones incluidas. También tienen una gran intuición si no están sometidas a mucho estrés.

Si te ves reflejada en cada una de estas cuatro características o pilares, es probable que seas una persona altamente sensible. También puede ser que, aunque no reúnas todas estas características, seas una persona muy sensible y con una mayor actividad de procesamiento sensorial.

No es de extrañar que una PAS pueda llegar a establecer una conexión más profunda e íntima con los animales, y por eso intuyo que más del 20 por ciento de los lectores y de las lectoras de este libro posiblemente seáis PAS o muy sensibles y empáticas.

Los cuatro pilares mencionados se cumplen en una persona altamente sensible, y siento que también pueden darse en muchos animales. No por el hecho de no haber estudiado en profundidad este rasgo en animales, o no tener pruebas concluyentes sobre ello, no podemos afirmar que no existe en nuestros animales de familia.

Los animales sí que tienen la capacidad de procesar la información y algunos se pueden sobreestimular rápidamente cuando están expuestos a mucho ruido, movimientos, personas, bicicletas, otros animales, ajetreo de las ciudades... Eso aumenta sus niveles de estrés y puede llegar a sobreexcitarlos y saturarlos. Por no decir que ellos tienen sus sentidos mucho más desarrollados que los nuestros, y detectan rápidamente todas las sutilezas que ocurren a nuestro alrededor, a todos los niveles, incluso el energético. Un olor, un sonido o una frecuencia que no percibe ni el oído humano puede ser muy molesto para un animal. Además, ellos sienten empatía y se preocupan por lo que siente su persona o incluso por lo que sienten otras personas de su entorno. ¿Alguna vez se te ha acercado tu animal cuando te sentías triste? ¿O has visto mucho más contento a tu animal porque percibe tu felicidad? Ellos se preocupan por nosotros, y sienten lo que sentimos. Eso es posible, entre otras cosas, porque muchos animales (al igual que las personas) tienen las neuronas espejo, que son las neuronas que permiten sentir empatía y ponerse en la piel del otro.

Yo personalmente cumplo todos los pilares y puedo llegar a empatizar con mis perros y con ciertas reacciones que tienen como posibles «perros altamente sensibles» que son. Deberíamos comprenderlos y ayudarlos a que puedan vivir una vida con niveles de estrés óptimos, sin tener que llegar a estar expuestos a muchos estímulos constantes que les ocasionen consecuencias perjudiciales en su bienestar, y buscar espacios para que puedan reponerse. Se trata de acompañarlos a ellos y también de acompañarnos a nosotros mismos, trabajando en equipo y procurando por el bienestar de la familia entre especies.

Para todos aquellos y aquellas que sean altamente sensibles o muy sensibles, me gustaría decir que es muy bonito poder honrar esa sensibilidad en nosotros mismos. Existe un gran poder en esa sensibilidad si se canaliza de manera adecuada. Aunque a veces sea intenso sentir las emociones de manera tan profunda y percibir el mundo con tanta intensidad, es algo de valor y poderoso. Esa sensibilidad permite a las personas comunicarse con el mundo y con los demás a un nivel más emocional, tan necesario en los tiempos que corren. Suelen ser personas con una gran capacidad de escucha, muy intuitivas, profundas emocionalmente, detallistas, muy observadoras, y, por tanto, pueden detectar y preveer con antelación ciertas situaciones, y son posiblemente pensadoras profundas, que pasan tiempo de soledad e introspección. Muchas de estas características podrían permitir, además, que sean personas con una predisposición de profunda conexión con la naturaleza y con los animales, facilitando esos lazos que todos tenemos de manera innata con los animales, así como involucrarse en causas de concienciación animal, con voluntad de ayudar y servir a otros seres.

Aprovecho para decir que las personas PAS pueden necesitar un especial autocuidado, porque pueden llegar a sentirse como si tuvieran amplificadores de todo lo que sucede alrededor, absorbiendo demasiado. En mi caso ha sido muy importante ir conociéndome más y respetando quién soy, respetando mis tiempos, respetando cuándo es el momento de marcharme de un lugar con una energía densa, buscando a menudo mis espacios de soledad, de introspección...

En cuanto a los animales, hay aún un campo muy amplio por descubrir e investigar sobre su alta sensibilidad. En 2016, se realizó un estudio para evaluar la sensibilidad en el procesamiento sensorial en los perros (SPS), es decir, se quería estudiar la posibilidad de que existieran perros altamente sensibles y que este rasgo que se había demostrado en las personas también se diera en la especie canina.[3]

La sensibilidad de procesamiento sensorial (SPS) se estudió y se evaluó a través de un cuestionario en línea a nivel internacional realizado a 3.647 responsables de perros. Con un total de 32 cuestiones, se les preguntaba por los comportamientos de su perro y sus estados afectivos y emocionales (ansiedad, hiperactividad, déficit de atención, impulsividad, problemas de comportamiento). También se les preguntaba por su personalidad. Y, por último, sobre la calidad de vida del perro en relación con su estado físi-

3. Fuente: Braem, M., Asher, L., Furrer, S., Lechner, I., Wurbel, H. y Melotti, L. (2017), «Development of the "Highly Sensitive Dog" questionnaire to evaluate the personality dimension. Sensory Processing Sensitivity in dogs», PLoS ONE 12(5): e0177616. Disponible en <https://www.researchgate.net/publication/317227876_Development_of_the_Highly_Sensitive_Dog_questionnaire_to_evaluate_the_personality_dimension_Sensory_Processing_Sensitivity_in_dogs>.

co (enfermedades, dolor, problemas de corazón, dermatitis...).

Con este estudio se encontraron tres subrasgos en perros (c-SPS): facilidad de excitación (EOE: *ease of excitation*), sensibilidad/emocionalidad (AES: *aesthetic sensitivity*) y umbral sensorial bajo (LST: *low sensory threshold*).

Y aunque es difícil hacer una comparación directa entre las dos especies (humanos y animales), los tres subrasgos para perros que se encontraron en este estudio sí podrían llegar a vincularse a los rasgos en humanos. Además, se concluye que puede existir una base genética para este rasgo en el perro.

+ Facilidad de excitación. En los perros con sensibilidad de procesamiento sensorial, existe una facilidad de excitación o sobreexcitación ante estímulos externos.
+ Sensibilidad/emocionalidad. En este caso se sugiere cambiar el término a «atención o conciencia de la sutilidad en el medio ambiente», que se ajustaría mejor en el caso de los perros.
+ Umbral sensorial bajo. Para explicar el umbral sensorial se menciona que es el grado en el que el animal reacciona ante un estímulo concreto. Se trataría, pues, de los límites que tiene para poder tolerar un estímulo, con lo que se tiene en cuenta la intensidad que cada ser o animal requiere para notar ese estímulo y para que pueda llegar a ser algo molesto para él. Mientras más bajo sea el umbral sensorial ante un estímulo, menor será la tolerancia hacia este. En los perros, y especialmente en aquellos con sensibilidad de procesamiento sensorial, existe la atención a los detalles y a lo que está sucediendo en el medio ambiente o

entorno, así como una respuesta intensa y rápida ante estímulos externos.

En el estudio, para una batería de 32 preguntas, los responsables del perro debían valorar el grado para cada una de las afirmaciones. A continuación voy a citar algunas de las preguntas que se incluían en el cuestionario que se usó para la investigación, para invitar a reflexionar sobre estos subrasgos y alentar a realizar posibles nuevos estudios en profundidad bajo los parámetros adecuados o posibles nuevos enfoques convenientes.

Facilidad de excitación:
+ Mi perro se abruma fácilmente por las situaciones.
+ Mi perro se estresa con facilidad.
+ Mi perro tarda mucho en calmarse después de un evento excitante.
+ Mi perro tiene dificultades para adaptarse a los cambios en la vida cotidiana y/o a los cambios más grandes en la vida.

Sensibilidad/emocionalidad:
+ Mi perro reacciona a pequeños cambios en la voz, es decir, cambios en la entonación y el volumen.
+ Mi perro es sensible.
+ Mi perro reacciona fuertemente a eventos positivos y/o negativos.
+ Mi perro percibe pequeños cambios.

Umbral sensorial bajo:
+ Mi perro parece absorber todo lo que sucede a su alrededor.

+ Mi perro siempre está alerta.
+ Mi perro se excita fácilmente, ya sea con estímulos positivos o negativos.
+ Mi perro es exigente.
+ Mi perro es reactivo. Percibe rápidamente los pequeños estímulos y reacciona rápida y/o fuertemente a ellos.

Relaciones de dependencia y apegos

De manera inconsciente podríamos llegar a llenar vacíos a través de nuestros animales, y sin quererlo ni darnos cuenta podríamos empezar a establecer relaciones poco saludables de hiperapego e hiperdependencia.

Cuando comuniqué con Ona, una gata muy jovial y alegre, me dijo que su persona responsable, Marta, tenía mucha tristeza en su interior, tristeza escondida que se guardaba en lo más profundo de su ser, y que toda esa tristeza debía ser expresada. Insistió mucho en este tema. Además, Ona sentía que Marta la necesitaba mucho en su vida, por lo que la gata siempre estaba cerca para darle apoyo, compañía y muchos mimos.

Después de la comunicación, Marta me contó que no había sido capaz de afrontar algunos acontecimientos que habían sucedido en su vida, como la muerte de su hermana tiempo atrás, con la que había sentido un fuerte vínculo toda su vida y a la que echaba mucho de menos. Sentía mucha tristeza al hablar de su hermana, por lo que nunca solía comentar el tema con nadie.

A raíz de la comunicación, Marta se apoyó con la ayuda de una terapeuta para expresar esa tristeza y sanar de algún modo incluso la relación de dependencia emocional que había establecido con su hermana a lo largo de su vida. Marta fue consciente de que posiblemente se había apegado más a la gata para llenar el vacío que había dejado su hermana. Marta lo daba todo por su gata, era su prioridad, pero mantenían una relación de codependencia que no era del todo saludable para ella ni para su animal, porque también le hacía sentir mucho sufrimiento y preocupación. Marta se dio cuenta de eso y tomó conciencia. Fue expresando poco a poco la tristeza que sentía en su interior y fue sanando..., y empezó a relacionarse de una manera mucho más saludable con Ona, sintiendo de la misma manera un fuerte vínculo con ella, pero disfrutando de manera más libre del amor que sentían la una por la otra.

Las personas, a veces sin quererlo, podemos llegar a reforzar conductas de apego y dependencia que no son saludables para nuestros animales ni para nosotros. No nos damos cuenta, pero podemos generar relaciones de excesiva dependencia cuando les damos constantemente atención, si no paramos de hablarles y acariciarlos, estamos demasiado pendientes, y generamos en ellos ese hábito. Por supuesto que podemos darles atención, pero debe ser cuando el animal esté tranquilo, y no cuando esté ansioso. Sin querer, también les podemos transmitir nuestros propios apegos e inseguridades. Los responsables de los animales debemos ser conscientes de que somos quienes podemos generarles ese desequilibrio y deberíamos asegurarnos de que no reforcemos ningún tipo de apego con nuestras acciones.

Una situación de apego puede suceder tras el fallecimiento de un animal de familia. Ante el dolor por la pérdida podríamos sentir la necesidad de incorporar rápidamente a otro animal sin permitirnos hacer nuestro proceso de duelo.

¿Y cuándo sería el momento ideal para volver a compartir nuestra vida con un animal? ¿Cuánto tiempo deberíamos esperar para incorporar a un nuevo miembro en la familia? Yo no sabría dar una respuesta concreta, porque, una vez más, se trata de algo muy individual. Cada persona no solo vive el duelo de manera única (y en función de la etapa de su vida en la que se encuentre), sino que con cada animal el proceso de duelo también puede ser distinto.

No se trata tanto del tiempo. No es cuestión solo del tiempo exacto que debamos esperar para incorporar a un nuevo animal en la familia, sino de hacernos las siguientes preguntas y reflexiones:

+ ¿Me estoy permitiendo hacer mi proceso de duelo? ¿Me he dado el tiempo necesario?
+ Mi decisión de incorporar a un nuevo miembro, ¿nace desde el amor? ¿O estoy intentando llenar el vacío que siento por la pérdida anterior? ¿Estoy intentando tapar mi dolor o no sentirme solo?
+ ¿Estoy en condiciones para darle lo mejor de mí al nuevo miembro de la familia? ¿Podré proporcionarle un ambiente adecuado? ¿Podré dedicarle tiempo, energía y amor para su adecuada adaptación?

Un animal no se puede sustituir por otro. Ser conscientes de lo que se nos mueve internamente durante el proceso, nos ayudará a saber cuándo estamos preparados para dar lo mejor de nosotros mismos a un nuevo miembro animal en la familia y poder disfrutar del camino que empezaremos a recorrer juntos.

Insistencias

Muchas veces la persona no es consciente del estrés que le puede producir a un animal vivir en estados de insistencia o exigencia. Deberíamos ser conscientes de que eso puede generarle estrés y no ser adecuado para su bienestar, por lo que no deberíamos reforzar esos estados emocionales.

> Recuerdo el caso de un precioso perro pastor llamado Nano. Entre muchas otras cuestiones, su responsable quería averiguar por qué se ponía tan contento y a la vez tan intenso y ansioso con algunos de sus familiares al llegar a casa. Nano me comentó que le gustaba mucho estar con esas personas y que le daban muchas atenciones. Concretamente me dijo que quería estar con ellos, quería recibir sus caricias, y que además le prestaban la atención que él pedía. También comentó que se sentía muy descontrolado y muy efusivo para pedir la atención de los demás. Por este y otros datos en la comunicación, intuí que Nano podía ser un perro insistente (el perro en una comunicación no suele poder decirme: «Eh, yo soy un perro insistente y eso me crea estrés»,

pero podemos entrever ciertos aspectos a través de sus comportamientos y sus motivaciones, con los adecuados conocimientos en comportamiento canino y educación).

Después de la comunicación hablé con la familia y comentamos en profundidad las posibles insistencias de Nano. Al contarme poco a poco y yo explicarles mi parecer, se dieron cuenta de que le habían estado reforzando esos estados de insistencia sin ser conscientes de ello, dándole atención a Nano cuando él estaba muy ansioso (por ejemplo, cuando se abalanzaba encima de sus familiares constantemente) y eso al final tenía un coste en el perro, porque le generaba más ansiedad. Así que la familia dejó de reforzar esos estados para que el perro no sufriera estrés o descontrol.

Aunque este es un ejemplo muy leve, y la familia de Nano se implicó desde el primer momento para hacer los cambios necesarios en su día a día, podemos ver animales con niveles de estrés muy elevados por insistencias y exigencias. Maullidos constantes, gimoteos, lloros, picotazos con el morro con nerviosismo, golpecitos obsesivos con la pata, y un sinfín de maneras para expresar que quieren conseguir algo, como puede ser la atención de sus personas u otras cosas. Si aceptamos este tipo de comportamientos ansiosos, pueden ir a más e intensificarse con el tiempo, porque el animal ve que ese comportamiento le funciona y, por tanto, seguirá usándolo.

Comportamientos muy extraños o inusuales

Ciertos comportamientos que los animales muestran de manera consciente pueden contener mensajes relevantes. En algunos casos pueden llegar a ser mensajes tan importantes que necesitarán hacer cosas muy evidentes e incluso extrañas para que su familia reaccione y se plantee que algo sucede.

Cuando tu animal de repente tiene un comportamiento que no es habitual, es fundamental observar qué nos quiere decir. Y no me refiero a comportamientos que han estado siempre allí y que, al no atenderlos, con el tiempo se han intensificado. En este apartado me refiero a comportamientos que aparecen de la nada y que son muy evidentes que nos están intentando mostrar algo, que nos están diciendo incluso de manera desesperada y con comportamientos extraños que es necesario que nos demos cuenta de que algo está pasando. Es muy importante parar y observar. También la comunicación telepática nos puede ayudar a comprenderlo o a confirmar nuestras sospechas.

Cris me contactó porque su gato Clark empezó a hacer cosas muy extrañas que nunca había visto hacer en años. Clark se ponía encima de la barriga de su compañera perruna Ali y empezaba a hacer una especie de gruñidos muy intensos de manera insistente, apuntando hacia su barriga todo el rato, oliendo y gruñendo. Cris empezó a sentir que su gato le estaba intentando decir que algo sucedía con su perra y quiso confirmarlo con una comunicación. Pues bien, al comunicar con Clark llegó la confirmación. Él le comunicó la importancia de buscar solución a un posible problema grave de salud de Ali. La perra llevaba mucho tiempo con problemas de intolerancias con la comida, diarreas, y épocas de gran debilidad física, letargo e inapetencia. No encontraban la causa y había mucha confusión al respecto. Ali parecía haberse recuperado de una mala racha que había pasado hacía unos meses, en los que había adelgazado mucho. Y allí entró Clark en acción para hacer saber a Cris que algo iba mal y que era necesario actuar. Nos comunicó que era necesario que hicieran algo o sería demasiado tarde, que Ali no estaba bien, que no dudara de las palabras de Clark y que Cris debía moverse lo antes posible para ayudar a su perra.

Cris le hizo caso y acudió a un nuevo profesional veterinario (una segunda opinión) para tratar a Ali, con el que hicieron nuevas pruebas y detectaron que la perra tenía erliquiosis, una enfermedad causada por un parásito que entró en su sangre posiblemente a través de la picadura de una garrapata. Al no ser diagnosticada y tratada a tiempo, eso podría haber ocasionado complicaciones importantes y puso en riesgo la vida de Ali. Clark tenía claro el mensaje que debía mandar a su familia, y por suerte fue escuchado a tiempo.

Cris siempre había considerado a su gato como un ser muy sabio y a la vez peculiar en su forma de ser. Y es que Clark era un gato negro con una personalidad muy graciosa y especial. Hasta ahora no he conocido a un gato igual. Nos reíamos junto a su responsable porque en la comunicación Clark decía en varias ocasiones que él estaba en todo, absolutamente en todo, que lo sabía todo de su familia y de su casa. Y Cris me confirmó que era un gato «cotilla», que siempre estaba atento a todo y en medio de cualquier cosa que sucediera para estar enterado y en control.

Hablando del caso de Clark, y de lo gracioso y especial que era, recuerdo una anécdota divertida sobre él. Clark tenía acceso al exterior desde su balcón y, por tanto, a las casas de los vecinos. Su responsable me contó que un día el gato apareció con un globo en su casa. Cris se preguntó de dónde habría salido el globo, pero lo que no imaginaba era que Clark volvería a marcharse para volver a aparecer de nuevo con otro globo... Y así sucesivamente, fue apareciendo con más globos. Ella supuso que Clark se habría colado en una casa donde habían celebrado un cumpleaños. En la comunicación, Cris le quiso explicar a Clark que ella no se sentía bien cuando el gato le traía objetos de otras personas, y le pedía, por favor, que no lo hiciera más, o que quería comprender al menos por qué lo hacía. Clark contestó que él quería seguir haciéndolo porque sabía que eso le provocaba mucha risa a su responsable, y le gustaba mucho ver sonreír a Cris. La respuesta de Clark nos sacó unas buenas carcajadas a las dos. Realmente era un gato con una combinación muy especial de frescura, espontaneidad, inocencia y de gran sabiduría.

Convivencia con otros animales de la casa

Algunas de las consultas que me llegan son sobre animales que tienen una mala convivencia en la familia debido a la introducción de un nuevo animal en casa. Cuando llega un nuevo animal y no hay una buena aceptación entre los miembros de la familia, estas situaciones suelen originar estrés y pueden llegar a ser situaciones complejas de solventar en la convivencia, que requieren de paciencia, tiempo, pautas y acompañamiento adecuado, mediar correctamente y comprender hasta qué punto puede haber una buena convivencia por compatibilidad entre los animales.

Ponernos en la piel de nuestros animales nos ayudaría a comprender mejor esta situación. ¿Verdad que las personas elegimos con quién convivir y con quién no? O si nos dieran a elegir, ¿verdad que no viviríamos según con qué persona? Debemos tener en cuenta que estamos creando grupos artificiales de animales, como perros y gatos, y eso podría generar conflictos en la convivencia, y más si nosotros no mediamos correctamente ante ciertas situaciones.

Por ello, antes de adoptar o integrar a un nuevo miembro animal en la familia, es importante tener en cuenta estas dos consideraciones que facilitarán su adaptación y ayudarán a evitar posibles conflictos futuros de convivencia entre los distintos animales:

1. Carácter y tipo de animal

Antes de introducir a un nuevo miembro en casa, deberíamos conocer muy bien al (o los) animal(es) que ya tenemos para saber qué tipo de animal será compatible. Muchas veces no nos paramos a pensar en algo tan obvio como esto, pero es importante tener en cuenta la edad del animal, su raza (que nos puede aportar información sobre su predisposición genética), su carácter, sus miedos, sus comportamientos...

Si hay incompatibilidad entre dos animales, puede ser difícil que haya armonía en casa y en la convivencia. Como responsables del animal que tenemos en casa, debemos ponernos en su piel y prever el tipo de animal con el que podría ser compatible y llevar una buena convivencia. Ellos pasan muchas horas en casa y debemos procurar que estén lo más a gusto posible, sin que conflictos constantes de incompatibilidad perturben su bienestar. Claro que pueden y podrán surgir algunos rifirrafes durante la convivencia, y todo eso se puede ir trabajando y ayudando con un acompañamiento adecuado, pero no deberíamos forzar a convivir a animales que son incompatibles y que están continuamente en conflicto el uno con el otro, y deberíamos hacernos estas reflexiones desde el inicio para prevenir este tipo de situaciones. Si los animales no se toleran de ninguna manera, hay que plantearse qué hacer por el bien de ambos, y pedir ayuda si es necesario para mediar adecuadamente.

Una situación que deberíamos considerar previamente y que no suele ser una buena combinación por lo general es, por ejemplo, si en casa vivimos con un perro o un gato muy mayor, con muy poca actividad física y con dolores, que necesita mucha tranquilidad en su día a día, no sería bueno *a priori* juntarlo con un perro o un gato muy joven, con muchísima energía, muy brusco, con gran necesidad de contacto y juego con el otro.

Estos son casos generales, aunque siempre puede haber excepciones, y por supuesto influye el carácter del animal, su grado de tolerancia y su capacidad de adaptación, así como la manera en que nosotros mediamos en este tipo de situaciones. Además, si nosotros cubrimos por otra vía las necesidades de actividad y juego del perro o gato joven adoptado y consigue ser respetuoso con el otro animal de la casa, puede haber una buena convivencia.

2. Presentación y adaptación progresiva

Es importante tomar medidas de seguridad que eviten problemas futuros de tolerancia entre los animales y posibles conflictos. La adaptación debería ser progresiva, y dependiendo de la especie de animal y de otros factores hay distintas pautas disponibles y recomendadas por expertos. Asesorarse con un buen profesional ayudará en tal situación.

¿Será verdad eso que dicen de que las primeras impresiones son las que cuentan? No entraré en argumentar si este dicho me parece que está en lo cierto o no, pero podría aplicarse para algunos animales. El primer contacto entre dos animales es muy importante, incluso puede ser que necesiten varios contactos o varios días, incluso semanas, de adaptación, y hacerlo de manera segura y progresiva ayudará a que todo fluya mejor en la convivencia. Una primera mala experiencia entre los animales, es decir, una mala asociación al inicio puede crear una gran huella en ellos, que incluso en algunos casos puede ser irreparable. Si desde el primer momento se ocasionan peleas o conflictos serios entre ellos, eso ya los puede llegar a condicionar la relación para siempre.

Si, por ejemplo, juntamos a dos perros, es importante anticiparnos y hacer las presentaciones fuera en un ambiente tranquilo, ya que dentro de casa se pueden crear tensiones. Además de hacerlas fuera, se deben hacer de la manera adecuada, respetando su comunicación y aproximaciones progresivas si fuera necesario. En el caso de juntar perro y gato, o varios gatos, hay varias opciones de presentaciones y distintas pautas, de entre las cuales se incluyen la utilización de vallas, jaulas y transportines. La idea es que poco a poco se huelan y se vean, sin forzarlos a tener que estar juntos de la noche a la mañana, y que poco a poco se sientan cómodos.

Por otro lado, al conocer el carácter de nuestro animal y de sus necesidades, puede ser muy bonito encontrar otro compañero que lo ayude y que se complementen. No hay nada mejor para tu animal como vivir con alguien de su misma especie que lo entienda.

Este es el caso de dos gatitos, Tomy y Oli, que se llevaban muy bien desde el principio. Eran dos hermanos que fueron abandonados en la calle con solo unos días de edad. Marisa y Albert decidieron adoptarlos a los dos conjuntamente, pues ya tenían un vínculo fuerte y creyeron importante no romperlo ni separarlos. Fue una decisión muy acertada, pues debería ser importante no romper vínculos bonitos entre hermanos o entre animales muy compenetrados. Tomy y Oli se han llevado muy bien desde pequeños y han crecido juntos, han podido jugar cuerpo a cuerpo y aprender habilidades al mismo tiempo, y han cuidado siempre mucho el uno del otro. Tomy tiene un carácter más bien tímido (le preocupan las personas desconocidas, es asustadizo, tiene miedo a los ruidos, le cuesta adaptarse a los cambios...); por el contrario, su hermana Oli es muy segura de sí misma y muy abierta con todas las personas, ayuda a su hermano, le aporta seguridad y lo calma en muchas situaciones.

No hay una varita mágica

He acompañado a familias que atraviesan situaciones difíciles con sus animales. Yo no puedo ni debo tomar ciertas decisiones, solo soy un puente de comunicación entre el animal y el responsable, ya que aporto la información que el animal desea y sabe transmitir, así como mi apoyo a la familia interespecie en todo lo que puedo durante el proceso. Lo que me fascina es cómo a veces nuestros animales nos facilitan ciertas decisiones y aportan un poco de luz ante las dificultades.

Este es el caso de Hanna, una perrita que estaba en la fase final de su vida, con varias enfermedades inmunológicas y digestivas. Su responsable, Sara, quiso comunicar con Hanna porque la veía más apagada de lo normal y con muchos dolores. Cuando comuniqué con la pequeña, ella me transmitió que quería que le dieran antiinflamatorios para sus dolores. Su petición me pareció algo extraña, ya que un animal no debería por qué saber lo que debe tomar para sus enfermedades o qué medicamentos podrían ser beneficiosos, ni decidir sobre ello (es una decisión conjunta de varias partes: los veterinarios, las personas responsables del animal y otros profesionales, si es necesario). Como Hanna me insistió mucho en que quería antiinflamatorios, yo se lo transmití a su responsable para que lo comentáramos, y entonces comprendí el motivo por el cual Hanna había recalcado tanto la palabra «antiinflamatorio». Sara me explicó que había acudido a tres profesionales veterinarios que le ofrecían enfoques y tratamientos distintos, por lo que Sara debía decidir cuál de ellos seguir y eso le creaba algo de angustia e indecisión. De entre los dos posibles tratamientos que iban en direcciones distintas, Sara sentía que el tratamiento a base de antiinflamatorios (que además incluía otros medicamentos o tratamientos) era el que resonaba más con ella y el que sentía que podría ayudar más a su perra en esta fase de su proceso. Al leer la comunicación, Sara obtuvo la confirmación de lo que sentía en su corazón, y sintió mayor paz sobre el camino que seguía.

Hay cosas que se escapan de mi comprensión lógica y nunca sabré cómo fue que Hanna ayudó a Sara a reafirmar qué camino seguir. ¿Hanna había estado escuchando los posibles tratamientos veterinarios? ¿Sabía cuál era la decisión que resonaba ya en el corazón de Sara? ¿Quería apoyar la decisión de Sara y facilitarle el camino? ¿Quería ser parte de la decisión y poner a su disposición su sabiduría o intuición?...

Sea como sea, la información llegó y resultó útil para Sara. Cuando tenemos que tomar decisiones ante la enfermedad de nuestros animales en sus últimos momentos, con el adecuado asesoramiento de profesionales, a veces no sabremos qué decisión será mejor para el animal y es normal que surjan dudas. No hay decisiones buenas o malas, lo importante es tomar una decisión coherente con uno mismo y que resuene en nuestro interior, y que pueda ser la más beneficiosa para el animal. Una vez se han buscado todas las opciones posibles de asesoramiento profesional y hay que tomar una decisión, puedes escuchar a tu corazón.

CAPÍTULO 8

Un pasado traumático

Poder expresar situaciones traumáticas por las que han pasado algunos animales en su pasado los ayuda a liberar ese dolor, liberar el peso de la mochila que llevan. Junto con otro tipo de terapias holísticas y energéticas, podemos ayudar a liberar emociones y situaciones traumáticas que han quedado instauradas en el animal. Solo por el hecho de ser escuchados, muchos de esos pesos ya se liberan. También es necesario respetar sus tiempos y acompañarlos adecuadamente.

Simba se encontraba en una protectora desde hacía tiempo y lo estaba pasando muy mal. Aparte de todas las situaciones traumáticas por las que había pasado en su vida antes de llegar a la protectora, el hecho de estar siempre en una jaula o box le creaba mucha frustración. El no tener paseos diarios, una familia, estimulación... hacía que fuera difícil que se sintiera a gusto y facilitar su rehabilitación. Comuniqué con Simba con la única intención de que él expresara todo aquello que sentía y que así pudiera descargar un poco el peso de su mochila, y que supiera que había unos voluntarios en esa protectora que iban a hacer todo lo posible por él, junto a los educadores caninos que colaboraban en su rehabilitación para ayudarlo a encontrar una familia.

El perro solía estar muy nervioso y los voluntarios de la protectora tardaban mucho tiempo en conseguir que se relajara para sacarlo del box (debían esperar a que se relajara un poco antes de salir a pasear, para no reforzar sus insistencias). Al día siguiente de la comunicación, una de las voluntarias de la protectora encargada de sacarlo a pasear comentó que Simba estaba mucho más relajado, y muestra de ello era que había tardado mucho menos tiempo en poder sacar a Simba de la jaula para ir de paseo, porque el perro estaba mucho más tranquilo. Se le veía más contento y relajado.

Los animales, al igual que nos pasa a las personas, pueden vivir una misma situación de manera muy distinta, procesando esa situación en función de su estado y sus recursos internos. Un animal abandonado que llega a su nueva familia con muchos miedos o con altos niveles de estrés por una situación traumática vivida puede reponerse rápidamente con un acompañamiento adecuado y superar sus miedos o, de lo contrario, puede permanecer en ese estado emocional alterado durante mucho tiempo, o incluso para siempre.

También hay las llamadas emociones atrapadas, que son demasiado intensas para ser procesadas por el animal en aquel momento y se quedan atrapadas de algún modo en el cuerpo del animal o en el inconsciente, lo que hace que se atraiga más esa emoción.

Es el caso de Thai, un perro que llegó en estado de pánico a una asociación para ser rehabilitado. Venía de una situación de síndrome de Noé, en una casa donde vivía sin cuidados ni apenas comida, junto a otros perros y sus hermanos cachorros, muchos de los cuales murieron. Cuando lo rescataron, Thai estaba en estado de indefensión, tenía pánico a las personas, no se movía y no se atrevía a comer. En casos como estos, es importante dar el tiempo necesario al animal, atender mucho su comunicación para respetar sus señales y que no se sienta invadido por las personas, darle su espacio y poco a poco acompañarlo para superar sus miedos.

No hay una fórmula exacta para ayudar a liberar el pasado traumático de un animal. Cada animal es único. También afecta cuánto tiempo haya sido expuesto a esa situación traumática y a qué edad, pues los primeros meses de vida del animal son de vital importancia para su equilibrio emocional. Hay traumas incluso intrauterinos que son difíciles de concretar, como podría ser, por ejemplo, una gata maltratada que está embarazada, con lo que es probable que sus bebés sientan ya desde su vientre todo ese dolor físico-emocional. Cuando esos bebés nazcan, si tienen al lado a una madre estresada o que no está bien a nivel emocional, eso tendrá un impacto negativo en los gatitos.

El maltrato físico tiene secuelas en ellos, pero no debemos descuidar otro tipo de maltrato o situaciones que pueden ser muy traumáticas sin necesidad de padecer a nivel físico. Algunas personas que me piden comunicar con un animal en un estado emocional alterado o con muchos miedos creen que en el pasado su animal posiblemente pudo haber sufrido una situación grave de maltrato físico. En realidad puede que sí, y puede que no. Los animales con miedos o que tienen comportamientos disarmónicos no tienen por qué haber sufrido necesariamente situaciones muy duras físicamente (al igual que sucede con las personas). Hay sucesos que pueden ser muy traumáticos incluso si no se han ocasionado daños físicos, incluso si el animal no ha sufrido ese peligro físico en su propia piel, pero lo ha visto en otros. Se puede llegar a generar un trauma en el animal si ha sido testigo del sufrimiento o del maltrato físico hacia personas o hacia otros animales, solo por el hecho de estar viendo esas escenas de dolor y sufrimiento en los demás.

Este es el ejemplo de mi perro Merlot. Adopté a Merlot cuando tenía uno o dos años aproximadamente (no sabían su edad exacta), y ya he explicado que desde el principio presentaba comportamientos agresivos hacia personas y animales. Llegué a pensar que él había sufrido en su pasado una situación de maltrato físico, sin ser consciente de hasta qué punto un ser puede sufrir tanto de muchas otras maneras y generar una impronta igual de profunda y traumática.

Cuando me adentré en la comunicación animal, al cabo de unos meses me atreví a preguntarle a Merlot por qué me mordía en algunas situaciones concretas. Nunca me hubiera imaginado su respuesta: me mostró la imagen de las manos de dos personas pegándose, concretamente un hombre y una mujer. Luego, una imagen de Merlot en el sofá, con un niño de corta edad que le estaba tocando cuando él no quería que lo molestaran, por lo que Merlot reaccionaba ante esa situación y la pareja reñía al perro. Merlot seguía mostrándome de manera continua la imagen de la pareja pegándose, y riñéndolo a él. Esa comunicación hizo que me diera cuenta de las posibles secuelas que habían producido en Merlot el ser testigo de la violencia física entre los miembros de su familia en aquel entonces y haber visto su dolor y sufrimiento. Aunque no había agresiones físicas hacia él, desde que era un cachorro había visto que el contacto físico entre sus personas era agresivo y desequilibrado. Al ver todo aquel sufrimiento había establecido posiblemente una mala asociación al contacto físico y veía a su familia como personas no fiables.

Si las primeras personas a las que Merlot conoció en este mundo no eran personas fiables, ¿cómo podría confiar en el mundo que le rodeaba? Además, no respetaban sus espacios, y él era invadido y manoseado cuando no quería. No hace falta decir que las riñas empeoraban la situación y acrecentaban el problema. En la comunicación, Merlot también me mostró una imagen de un jardín, del cual casi nunca salía, por lo que deduje que no tuvo socialización, algo tan necesario en los primeros meses de vida. Un cachorro debe crecer en un entorno armónico, con una familia que sea su referente de confianza y que lo acompañe en todas sus etapas, para adaptarse progresiva y adecuadamente a un entorno humano que no es natural para los animales, acompañándolo a exponerse y superar sus miedos de manera gradual con mucho respeto y empatía.

Cabe decir que quizá este mismo pasado que fue traumático para Merlot, otro animal podría haberlo vivido de manera muy distinta, porque como ya he comentado no solo depende de la situación concreta, sino también de la perspectiva del animal, de su involucración en el suceso, su edad o etapa, de los propios recursos internos del animal para gestionar esa situación, de su carácter, su nivel consciencial, etc.

¿Cuándo es adecuado preguntar por el pasado de un animal en una comunicación?

Es decir, si adoptamos o acogemos a un animal de la calle sobre el que no conocemos su pasado, y decidimos comunicar telepáticamente con él, ¿es adecuado preguntarle por su pasado?

Voy a dar mi punto de vista sobre este asunto, aunque, como ya he expresado al inicio del libro, se trata de mi perspectiva y mi forma personal de trabajar hasta la fecha, en la que yo me siento en estos momentos cómoda y en coherencia interna, que no quiere decir que sea la verdad absoluta o que no haya otras formas de trabajar o enfocarlo.

Sobre todo, como ante cualquier otra cuestión que le formulemos al animal, deberíamos plantearnos primero si preguntar sobre su pasado va a ser beneficioso para él, es decir, si es una pregunta enfocada a su propio bienestar. Si en el comportamiento actual del animal no hemos detectado nada grave, ni ningún estado emocional muy alterado, y si es un animal bastante equilibrado o con una vida normalizada, *a priori* no habría motivo por el cual debamos preguntar por su vida de antes. Si su pasado no le está condicionando en el presente, remover lo que le sucedió podría no ser beneficioso para el animal, porque le estaríamos forzando de algún modo a revivirlo.

Cuando más suelo preguntar por el pasado del animal en una comunicación, es cuando son perros de protectora que los educadores caninos con los que colaboro están rehabilitando. Establezco comunicación con aquellos perros que no avanzan tanto como deberían en su rehabilitación o con aquellos en los que se percibe que llevan una gran carga por su pasado traumático que debemos ayudarlos a liberar o a aliviar. Además, la comunicación puede aportar pistas o elementos nuevos que hay que tener en cuenta para adaptar algunas pautas durante su rehabilitación, o para apoyarlos a superar sus miedos. Incluso el solo hecho de compartir las vivencias pasadas permite al animal aligerar el peso de su mochila y sentirse escuchado. Y aunque no profundizaré en este tema, hay que tener en cuenta también que algunos animales, como es también el caso de Merlot, expresan traumas que provienen de vidas pasadas, memorias celulares y traumas profundos que están en el inconsciente.

Este fue el caso de Aladín, un perro que había sido devuelto a la protectora en muchas ocasiones. Miriam, la educadora canina con la que colaboro, me comentó que sentía que Aladín tenía una gran necesidad por expresarse y que una comunicación animal lo ayudaría. Sentía que debía liberar el peso de todo lo que le había sucedido y de cómo lo habían tratado. Estaba en proceso de ser adoptado de nuevo y ya habían hecho una primera presentación con su nuevo adoptante para que se fueran conociendo poco a poco y cogiendo confianza, pero seguía sintiendo que estaba cohibido y con miedos, incluso a veces, algo apático, no se dejaba tocar, y su estado de salud era frágil y parecía tener muchos dolores en varias zonas de su cuerpo que debían tratarse. Con todo ello, Miriam confiaba en que comunicarse con Aladín le podría ser de gran ayuda.

Cuando comuniqué con Aladín, él me «habló» de su pasado. Me expresó que le habían devuelto a la protectora porque los demás no habían tenido paciencia. Que las personas siempre iban con muchas prisas, y que él necesitaba tiempo y comprensión. Se bloqueaba a veces y las personas no respetaban sus tiempos ni sus espacios. Me contó que estuvo viviendo concretamente con una persona que tenía depresión y un carácter muy complicado, y que él se veía afectado por las actitudes y tratos de esa persona. En esos momentos de su vida se sentía invisible de alguna manera, se sentía como si fuera «uno más» y quería ser especial a ojos de alguien que le valorara realmente por quién era. Le preguntamos si le gustaba su posible nuevo adoptante y nos dijo que sí. Aparte de contarme muchas otras cosas, le fui dando mensajes tranquilizadores para que supiera que íbamos a estar a su lado durante el proceso, que tenía el apoyo de mucha gente a su alrededor ayudándole para que la adaptación con su nueva persona fuera lo mejor posible (dándole también pautas concretas a la persona), que solo iría a vivir con aquella persona si él deseaba y que harían el seguimiento de su adaptación para asegurarse de que el perro estuviera bien cuidado y atendido. Aladín me comentó también que él en realidad era un perro meloso. Que necesitaba a su lado una persona paciente, muy tranquila y que le diera poco a poco afecto, porque, aunque no lo creyeran, él era un perro dulce. Al día siguiente de la comunicación, una de las trabajadoras de la protectora nos contó muy sorprendida que Aladín parecía otro perro, que estaba mucho más alegre. Vino a visitarlo de nuevo su posible adoptante para hacer juntos un paseo, y se sorprendieron de lo confiado que estaba el perro, dejándose tocar y dándole muestras de cariño.

El momento de la comunicación es un factor para tener en cuenta. El estado emocional del animal en el justo momento en el que se comunica con él puede afectar al tono de la comunicación o al grado de intensidad en lo que expresa el animal. Como nos pasa igualmente a las personas, podemos sentir y expresar todo con menor o mayor intensidad en función del momento. Si, por ejemplo, nos acabamos de enfadar con una amiga y alguien viene a preguntarnos qué nos pasa en ese momento, podríamos llegar a expresar la situación con mucho enfado y con un tono mucho más intenso que si nos lo preguntan al cabo de unos días, cuando se han calmado las aguas. Por otro lado, una situación sostenida en el tiempo que causa malestar emocional podría llegar a ser expresada también con mucha intensidad. Esto debemos tenerlo en cuenta con nuestros animales, porque además ellos no suelen tener la oportunidad de expresarse a menudo a través de la comunicación animal si no les damos la oportunidad (en una gran parte de los animales con los que comunico es la primera vez que tienen la oportunidad de expresarse a través de la telepatía). Si el animal ha estado sosteniendo durante mucho tiempo esa emoción y ese malestar, es natural que necesite soltar todo lo que ha guardado dentro durante tiempo cuando comunicamos telepáticamente con él.

Algunas de las personas que me piden comunicar con su animal saben que este no está bien a nivel emocional, pero aunque son conscientes de ello, pueden sorprenderse con la comunicación (por su tono o por la intensidad de la emocionalidad que expresa el animal). «Sabía que no estaba bien, pero no sabía que estaba tan mal», me comentan algunos responsables. En estos casos siempre les explico que el animal a veces necesita desahogarse para liberar el peso que lleva dentro. Es bueno que exprese su malestar, que exprese cómo se siente. No debemos juzgar sus «palabras» y debemos dejar a un lado nuestras propias expectativas de lo que nos vaya a decir. Se trata de realizar una escucha activa. Deberíamos estar abiertos y receptivos siempre ante cualquier cosa que nos desee comunicar el animal. Debemos confiar en el proceso, y en que el animal está expresando lo que más necesita para su bienestar y, lo más importante, asegurarse de que se está sintiendo escuchado, porque no solo es importante que él pueda expresarse, sino que lo que exprese sea abrazado por su persona, poniendo atención en lo que expresa el animal y no en lo que le hace sentir a la persona. De esta forma podrá sentirse profundamente escuchado y comprendido.

Es el caso de Emma y Tofu, una perrita que tenía algunos comportamientos que ya hacían entrever que se sentía algo desbordada emocionalmente desde hacía bastante tiempo y que necesitaba ayuda de su familia para que la acompañaran en sus miedos y en muchas situaciones de su día a día. Cuando comuniqué con Tofu, ella me expresó información muy útil. Le fuimos preguntando por qué se ponía tan nerviosa dentro del coche, o cuando se quedaba sola en casa, o por qué lloraba y gimoteaba continuamente. Nos fue contando cómo se sentía en cada situación, y compartió su angustia, frustración e irritabilidad. Cuando Emma recibió la comunicación de Tofu me comentó que se sentía algo triste porque no pensaba que su perra estuviera tan mal. Sabía que Tofu no se sentía bien, pero no pensaba que estuviera mal hasta ese punto o que sería tan difícil para Emma escuchar el malestar que le expresaba Tofu. Yo le expliqué a

Emma que comprendía la situación. No debía de ser fácil escuchar la angustia que sentía su perra en determinadas situaciones de la convivencia, pero expresar lo que la perra sentía le permitiría soltar el peso que llevaba dentro, desahogarse y sentirse escuchada.

Al cabo de unos días, Emma me comentó que desde la comunicación notó a Tofu mucho más relajada. Y que al saber que su perra necesitaba soltar el peso que llevaba dentro, releyó la comunicación y la tomó desde otra perspectiva y pudo comprender las palabras de su perra desde otro lugar, así como tomar energía renovada para ayudar a Tofu y empezar a trabajar todos aquellos aspectos para mejorar en la convivencia. Estoy segura de que ellas dos van a seguir avanzando juntas y de que conseguirán mayor equilibrio en sus vidas, por el gran compromiso que tiene Emma, por sus ganas de ayudar a Tofu y el gran equipo que forman, por no decir que se aman con locura.

En esto consiste la escucha. Se trata de abrir el corazón, de abrazar las «palabras» de nuestros animales, abrazar todo aquello que nos expresan. Aunque a veces resulte difícil, les debemos dar las gracias por su honestidad, por compartirse de manera abierta y sincera. Y es entonces cuando eso tiene un efecto en el animal, porque se siente realmente escuchado. Y cuando se siente escuchado, sabe que sus sentimientos se tienen en cuenta, se siente valorado y considerado en la familia.

CAPÍTULO 9

Resonancia con la familia

Los animales armonizan con su entorno familiar. Son como esponjas que absorben todo lo que ocurre en su entorno. Tienen una alta sensibilidad y se adaptan con sus responsables y con las dinámicas que se crean en casa. Ser conscientes de eso nos permite comprender que para que ocurra algún cambio en nuestros animales también deberían cambiar algunas dinámicas en nuestro ser y en nuestro hogar, con todas las personas implicadas.

Algunos de los comportamientos de los animales tienen muchos mensajes para su familia y sus responsables, especialmente para la persona con la que mayor vínculo establecen o con la que tienen algún tipo de resonancia. Tienen un «para qué».

Hay pequeños problemas que se solucionan después de una comunicación animal, pues el animal en ese caso solo necesitaba sentirse escuchado y expresar aquel pequeño malestar y que la familia lo comprenda. Otros problemas son más complejos y requerirán de mayor tiempo, involucración, complementar con otras terapias, etc.

Nuestro trabajo interior

Hay animales que nos dan grandes mensajes a través de su comportamiento, y para que nos demos cuenta del propio trabajo interior que deberíamos realizar.

Lucía me había contactado en varias ocasiones para comunicar con algunos animales de su familia. Ella podía comunicar telepáticamente con animales (ya había recordado esta capacidad innata que todos poseemos), pero me había expresado que se sentía bloqueada e insegura, y que por ese motivo dejó de comunicar con animales hacía bastante tiempo.

Esta vez me contactó para que la ayudara con su gata Aura, que llevaba casi un mes sin volver a casa. Era una gata independiente que entraba y salía de la casa cuando quería. A veces había estado algunos días sin aparecer, pero ya habían pasado muchas semanas y la situación la angustiaba porque sabía que algo andaba mal.

Lucía decidió mudarse, y la última vez que vio a Aura fue cuando acudieron los camiones para cargar las cajas de la mudanza. En aquel momento, Aura le lanzó a Lucía una expresión de disgusto y enfado, y se marchó. Lucía no la volvió a ver. Ya estaba instalada y viviendo en su nuevo hogar, pero volvía cada día a su anterior casa para ver si encontraba a Aura. La casa seguía abierta para que la gata pudiera tener acceso para comer y descansar. Lucía se pasaba cada día un buen rato buscando a Aura y llamándola por la zona, pero pasaban las semanas y no aparecía. Sabía que entraba en la casa porque dejaba rastros, pero nunca la encontraba por más que la buscara.

Lucía me contactó cuando ya había pasado casi un mes y empezaba a sentir desesperación. Cuando me contó la situación, yo sentí que lo que la gata esperaba de su responsable era que fuera ella quien se comunicara con la gata, y no yo. Ellas dos debían comunicarse y aclararlo todo. Sentí de manera intuitiva que eso era lo que la gata quería. Pese a sus dudas y bloqueos, esa misma noche Lucía se comunicó telepática e intuitivamente con Aura. «Hablaron» de muchas cosas, aclararon muchos temas, y de entre tantas cosas que necesitaban expresarse las dos, Aura le dijo también que regresaría con ella. Lucía seguía teniendo dudas de si su comunicación era real o no, pero estaba decidida a comprobarlo. Al día siguiente de comunicar con la gata, tal y como había hecho cada día durante un mes, Lucía fue a la casa de nuevo... y allí estaba su gata Aura esperándola. Celebraron juntas el reencuentro con mucho cariño y alegría, y Aura fue a vivir a su nuevo hogar con su familia.

Esta preciosa historia nos puede hacer comprender el poder de la comunicación telepática animal y la conexión que podemos establecer con nuestros animales al escucharlos. La desaparición de la gata puso a su responsable en una situación límite y dolorosa, en la que tuvo que afrontar sus bloqueos internos y confiar en su capacidad de comunicar con los animales. Una vez más, los mensajes que entrañan nuestros animales nos permiten ser conscientes del trabajo interno que debemos hacer, y nos hacen comprender cómo de profundos son los lazos que establecemos con nuestros animales.

Unos meses después de la muerte de Ron (el perro sénior que tuve en acogida durante un año), como la experiencia había sido tan gratificante, contacté con la misma protectora para acoger a otro perro mayor. Me enviaron una foto de Pipo y así fue como entró en mi vida. Llegó en mal estado físico y con unos niveles de estrés muy elevados. Después de ser decomisado a un hombre que tenía varios perros hacinados en mal estado, Pipo había pasado por varias casas de acogida, pero siempre era devuelto debido a sus «problemas» de comportamiento.

No os negaré que al principio fue todo un reto: pipís en camas y sofás, incluso en mi ropa, aullidos y ladridos durante horas mientras yo estaba en la oficina trabajando, estereotipias (en su caso, movimientos repetitivos en círculos de manera incontrolada), ladridos incesantes hacia perros en la calle, preocupación al contacto físico y a las personas, conductas escapistas, y muchos problemas físicos que poco a poco fuimos atendiendo con varios veterinarios y terapias holísticas.

Después de unos primeros años de mucho trabajo con Pipo y conmigo misma, él me ha demostrado que los cambios son posibles. Ahora es un perro mucho más equilibrado, ha superado muchos miedos y estoy feliz de ver que puede disfrutar de sus últimos años con armonía y calma. A sus dieciséis años (aproximadamente, pues no sabemos su edad exacta), siento que es un perro feliz que está teniendo calidad de vida y puede disfrutar del calor de una familia. Pipo me enseñó que no solo hay una parte que es suya (sus traumas pasados, sus miedos, inseguridades...). Hay una parte que es mía también, en la que ambos vibramos, y para eso mi trabajo personal ha sido necesario para seguir avanzando en equipo y que se dieran todos los cambios para su bienestar.

Después de muchos meses orinando en camas y sofás, recuerdo la última vez que Pipo lo hizo, ¡cómo olvidarlo! Era un sofá nuevo. Estábamos a punto de dormir, cuando

Pipo pasó cerca de mi otro perro, Merlot, y este se le abalanzó encima gruñendo. Eso le causó tal susto y tal estrés a Pipo que se fue corriendo despavorido del dormitorio hacia el comedor. En ese momento fui hacia allí, asomé disimuladamente la cabeza por la puerta y pude ver que Pipo estaba orinando encima del sofá. No intervine, no dije nada, hice varias respiraciones profundas, me mantuve especialmente en calma y dejé que Pipo acabara de hacer sus necesidades tranquilamente. Cuando bajó del sofá y se fue, yo me puse a limpiar la orina en total serenidad, sin sentir ningún tipo de enfado, y comprendiendo que Pipo solo estaba expresando su malestar por aquella situación estresante que había vivido. Pues bien, han pasado años, y desde esa última vez Pipo nunca más ha vuelto a hacer pipí en camas ni sofás.

Esta experiencia me llevó muchos aprendizajes, de los que desearía compartir algunos de ellos para quien le pueda resonar.

Pipo muy posiblemente había sido castigado en su pasado por orinar en sitios que los humanos consideramos «inapropiados». Si yo hubiera seguido con esos castigos o correcciones, lo único que habría conseguido sería perpetuar ese comportamiento (o incluso intensificarlo) y además eso debilitaría el vínculo que Pipo y yo estábamos construyendo, añadiendo a su largo listado de miedos el miedo hacia mí, a mis posibles represalias, más inseguridades y situaciones estresantes para él. Pipo solo estaba expresando ansiedad, estrés y malestar, y el castigo solo podría empeorar su malestar. Si tú te sintieras mal por algo, ¿crees que el castigo te ayudaría a sentirte mejor? ¿O cualquier tipo de corrección?

Nunca castigué ni reñí a Pipo por expresar su malestar con la orina; entonces, ¿por qué no dejó de tener ese comportamiento tiempo atrás? ¿Por qué lo mantuvo durante muchos meses de forma esporádica?

Siento en mi caso particular con Pipo que la respuesta apunta hacia nuestras propias emociones y la necesidad de hacer nuestro trabajo personal. Darnos cuenta de que hay una parte de ese comportamiento que habla del animal, y otra parte que habla de ti.

Pues vamos a hablar de mí. ¿Qué sentía yo cuando me encontraba la cama llena de pipí al irme a dormir? Pues os confieso que sentía frustración y enfado. Y aunque lo hiciera todo adecuadamente con Pipo (dejar expresar su malestar, no reñir ni castigar), había estado pasando por alto mis reacciones internas durante todo ese tiempo. Sabía por mis conocimientos que estaba haciendo lo adecuado para ayudarlo a cambiar esa conducta cronificada y que lo estaba acompañando en el proceso de forma respetuosa y empática, pero para que el problema desapareciera debía ser honesta conmigo misma y atender mis emociones, atender todo aquello que yo sentía y que se movía en mi interior cada vez que me encontraba orina en mi cama, o cada vez que veía a Pipo subirse al sofá y levantar la pata para hacer sus necesidades. Ese es el gran reto en realidad, un ejercicio de honestidad hacia una misma. Cuando fui consciente de esa rabia que sentía, pude atenderla, y con el tiempo pude abrazar esas emociones, darles cabida y se fueron transformando. La prueba de fuego llegó con ese sofá nuevo, en el que pude observar a Pipo y no sentir enfado, solo sentí comprensión y paz. Desde entonces, Pipo nunca más lo ha vuelto a hacer.

EJERCICIO

1. Piensa en algún comportamiento que te moleste de tu animal de familia y anótalo.

   Comportamiento: ....
   ....
   ....

2. Escribe cómo te sientes cuando el animal tiene ese comportamiento.

   Me siento ....
   ....
   ....
   ....
   ....

3. Lee todo el listado de sentimientos y emociones que has escrito y, con tiempo y calma, permítete sentirlas una a una en tu interior.

   Estate unos segundos sintiendo esa emoción sin juzgarla. No es malo sentir eso. Quizá pueda resultar incómodo, pero no es malo y necesita de tu atención. Aunque pueda resultar incómodo sentir esas emociones, deja que se expresen y que sean atendidas, para poder ser transformadas. No con ese propósito, no hay que poner ninguna intención, únicamente abrirte a sentir esas emociones.

4. Por último, agradece a tu animal que te haya hecho ser consciente de eso que sientes, para poder responsabilizar-

te de tus propias emociones. Ahora exprésale a tu animal todo lo que desees desde el agradecimiento, y permítete sentir mientras escribes todo el agradecimiento y amor en tu corazón.

Te doy las gracias por:

....

....

....

....

....

....

....

....

....

....

....

....

....

....

....

....

La relación que tenemos con nuestros animales nos puede ayudar a ver con mucha claridad lo que pensamos, sentimos y hacemos, y dónde tendríamos que conocernos y responsabilizarnos de nosotros mismos para seguir mejorando y evolucionando.

Respecto a lo que te he expresado, podríamos hablar del famoso «efecto espejo» del que se habla desde hace años. No voy a contar nada nuevo, pero siento que es interesante reflexionar sobre ello y profundizar en estos aspectos para poder mejorar la relación con nuestros animales.

Efecto espejo humano-animal

¿Qué tenemos que aprender de nuestros animales y de la relación que tenemos con ellos? ¿Qué nos muestran de nosotros mismos? ¿Nos hacen de espejo en algunos aspectos de nuestra vida?

El mundo externo actúa como un espejo, es decir, como el espejo que refleja. Lo que ves allí fuera es el reflejo de tu estado interno. Lo que ves en el mundo es solo el reflejo de ti mismo. Las relaciones que establecemos con los demás son un conjunto de espejos donde nos vemos reflejados. Por lo que podemos aprovechar esas relaciones y esos vínculos para autoobservarnos, conocernos y poder crecer internamente. Lo mismo sucede con los vínculos y las relaciones que establecemos con nuestros animales, que nos permiten ver de manera más clara lo que sucede en nuestro interior, y esas partes nuestras que debemos abrazar. Lo que vemos de nuestros animales y nos molesta puede ser un reflejo de lo que llevamos dentro de nosotros mismos. Es a través de nuestros animales que podemos hacernos conscientes de determinadas cosas nuestras que rechazamos o que deberíamos abrazar.

A través de este efecto espejo o la ley del espejo, podemos empezar a responsabilizarnos de lo que sentimos en vez de culpar a los demás de cómo nos sentimos. Cuando alguien hace algo, incluidos nuestros animales, pensamos que eso que han hecho es lo que nos provoca el daño, pero no es del todo así y eso nos cuesta mucho asumirlo. Siempre pensamos que la causa de nuestro sufrimiento es el otro (lo que hace el otro), pero en realidad es nuestra reacción, nuestra propia interpretación, nuestros sentimientos, nuestras heridas... y todo lo que nos despierta el otro en nosotros mismos, todo lo que está en nosotros.

Un ejemplo muy común lo observamos en la calle, cuando un perro ladra mientras pasea, sea por el motivo que sea. Al ladrar vemos como la persona no soporta eso y le hace callar inmediatamente, le corrige, le castiga o le da un tirón de correa. No estoy diciendo que esté bien o mal que el perro ladre, en realidad hay que observar y comprender por qué ladra, qué está intentando comunicar y ayudarlo si fuera necesario. Como ya hemos comentado, los perros se comunican, entre otras maneras, ladrando, así que deberíamos empezar a comprender qué intenta decir, avisar o gestionar con el ladrido. En este caso, la reacción de la persona que no soporta el ladrido de su perro dice más de la persona que del animal. En función del tipo de reacción de la persona se podrían sacar aprendizajes distintos. Cada caso es particular.

Si es necesario, tu animal te reflejará aspectos que rechazas (rechazas del otro = rechazas de ti mismo). Así como sucede con cualquier persona o suceso por el que pases, todo puede ser una herramienta para ser consciente de ti mismo y para descubrir tu ser. Y los animales también son en este sentido grandes maestros, porque a través de ellos y de sus conductas podemos llegar a ser conscientes de nuestro ser y de lo que rechazamos en nosotros mismos. Puede que el animal de manera inconsciente (o consciente, dependiendo de su estado consciencial y evolutivo) nos señale con sus actos o sus reacciones aquello que no queremos ver de nosotros mismos. Por tanto, a través de nuestros animales podemos observar esos aspectos internos y hacerlos conscientes.

Las relaciones que establecemos con los demás son un conjunto de pantallas donde nos proyectamos. Proyectamos en el otro lo que no asumimos de nosotros mismos, lo que nos es doloroso, lo que no queremos ver y lo proyectamos en los demás. Por ejemplo, si una persona tiene miedo a la muerte, a la vejez o a la enfermedad, cuando ve envejecer a su animal (por ejemplo, cuando empieza a perder parte de la visión, de la escucha, a tener dificultades para moverse...), proyectará en él su propio miedo. Quizá esa persona sentirá mucha pena por el animal. Tal vez pensará que el animal está sufriendo y pasará a sufrir ella también. Pensará según su perspectiva humana que el animal sufre y lo sufrirá ella también (pues recordemos que una cosa es el dolor, y otra muy distinta, el sufrimiento, que es una opción mental más del ámbito humano). Quizá incluso por miedo a que el animal con el tiempo se marche, la persona puede empezar a establecer relaciones de hiperapego con él o de anticiparse y creer que ya se está marchando cuando en realidad solo está empezando un proceso de envejecimiento. Y un largo listado de etcéteras.

Si te has visto reflejado en alguno de estos casos, no estoy diciendo que no sientas nada cuando tu animal empieza a envejecer, sino que seas consciente de lo que se mueve en tu interior. Al final se trata de comprender que no nos afecta o no nos duele lo que sucede en los demás, sino que eso solo es un reflejo de nosotros mismos. En este caso, por ejemplo, asumir todos esos miedos que he ido comentando no solo sería un gran beneficio para la persona, sino también para el animal, que no tendrá que sostener o verse afectado por el estado emocional de la persona y de sus proyecciones.

Haz tu parte como responsable del animal

Los animales de familia tienen sus propias historias. Ellos también llevan sus propias cargas, sus «propias mochilas» por llamarlo de algún modo, sus experiencias pasadas que pueden haber sido traumáticas y tienen heridas por sanar. Incluso podrían venir a experimentar ciertas situaciones y experiencias por las que deben pasar para continuar con su camino de evolución a nivel individual. Y aquí viene lo interesante, pues a veces un animal y su responsable pueden resonar en los mismos aspectos que ambos deben sanar para tener una vida en equilibrio y armonía. Podemos decir de algún modo que ambos vienen a trabajar juntos ese aspecto, y para poder ayudar al animal primero la persona debería responsabilizarse y hacer su propio trabajo personal. Si la persona solo se focaliza en ayudar al animal, está perdiendo de vista la importancia de su propia frecuencia que emana, la vibración que le llega al animal de su persona, y la resonancia que ambos experimentan. Tiene que haber un acompañamiento hacia al animal, por supuesto que se le debe ayudar en todo lo que se pueda, pero sin descuidarse de hacer la parte que le corresponde a la persona hacia ella misma.

Por resonancia puede que llegue a tu vida un animal con

el que compartas el mismo tipo de miedos, o el mismo tipo de aspectos a trabajar, aspectos en los que debéis ambos evolucionar. Si compartes los mismos miedos con tu animal, es decir, hay una resonancia, debéis acompañaros y atravesar esos miedos juntos. Lo que no se dé antes en ti no podría posiblemente darse en el animal. Si no afrontas esos miedos, no podrás mostrarle en realidad a tu animal cómo puede él afrontarlos. Si eso se hace en ti previamente, por resonancia y por vibración le llegará también a él y es eso lo que le podrá ayudar.

Esto es algo importante que quiero recalcar, pues si los dos resonáis en algo y debéis hacer un trabajo conjunto para mejorar, el animal no podrá sanar hasta que eso mismo no haya sanado en ti.

Pero como decía anteriormente, el animal también tiene su propia historia, lleva su propia mochila, sus cargas, y no siempre dependerá de ti que cambie en algunos aspectos. Debemos dejar a un lado nuestras expectativas sobre el animal (sobre la necesidad de que se den cambios en él y que sea de una determinada manera) y desapegarnos de los resultados. Sencillamente debemos tomar conciencia de aquello que como personas responsables del animal debemos sanar y trabajar en nosotros mismos, y vamos a soltar cualquier expectativa de resultado. Para que sea más entendible, es como si por resonancia con el animal hubiéramos establecido un convenio, es decir, un acuerdo entre el animal y nosotros como sus personas responsables. En ese convenio cada uno tiene su parte: el animal tiene su parte del contrato y nosotros tenemos la nuestra. Nosotros no podemos cumplir la parte del contrato de nuestro animal, solo podemos cumplir la nuestra, y puede ser que a través del cumplimiento de nuestra parte el animal pueda cumplir la suya. Pero eso es todo lo que debemos hacer: cumplir nuestra parte del contrato, y con eso le estamos dando la posibilidad a nuestro animal de que cambie. No quiere decir que el animal cambie, pero nosotros ya habremos hecho nuestra parte. Eso produce paz. Y posiblemente entonces verás que la «magia» sucede.

EJERCICIO

1. Piensa en todos aquellos aspectos en los que resuenas con tu animal, es decir, en todo aquello que compartís ambos y en lo que os parecéis. Y anota aquellos aspectos que te creen desarmonía o malestar (compartidos entre persona y animal).

   Por ejemplo: control, frustración, hiperapego, descontrol emocional, intolerancia (relación con la comida o con cualquier tipo de intolerancia física o emocional), inseguridad, nerviosismo, hiperactividad, baja autoestima, ansiedad, ira, reactividad, sensación de falta de protección, miedos (especifica cuáles), etc.

   * ....
   * ....
   * ....
   * ....
   * ....
   * ....

2. Escoge uno de estos aspectos y explícalo con mayor detalle (todo lo que sucede en ti y en tu animal). Sé muy concreto en la explicación.

   Por ejemplo:
   CONTROL ⟶ «Yo siempre controlo que todo salga perfecto, me pongo muy nerviosa si no tengo el control de las situaciones e incluso de las relaciones con algunas personas. Si no tengo el control, me siento muy insegura».

«Mi perra es controladora. Cuando vamos en el coche se pone muy nerviosa y atenta a todo, controlando todo lo que sucede fuera. Se preocupa cuando se acercan personas o perros, y me controla persiguiéndome por la casa a cada momento».

+ ....
....
....

+ ....
....
....

3. Déjate sentir todo tipo de sensaciones que te produzcan las palabras que has plasmado en el papel. Haz tres respiraciones profundas y sigue con el ejercicio.

4. En relación con el aspecto que has elegido en el punto número 2, contesta a la siguiente pregunta: ¿qué puedo hacer por mi animal? ¿Qué puedo hacer para que se sienta mejor con este aspecto?

....
....
....
....

5. Y ahora contesta a la siguiente pregunta: ¿qué puedo hacer para mí mismo? ¿Qué puedo hacer yo para sentirme mejor con este aspecto en mi vida?

....

....

....

....

6. Por último, dale las gracias a tu animal por hacerte consciente del trabajo interno que puedes realizar, y dile que a
   partir de ahora tú te responsabilizas de tu propio trabajo,
   de tu propia parte. Puedes expresarle estas palabras (y
   todo lo que sientas) de viva voz, conectándote previamente con su corazón.

Nuestro trabajo interior es el mayor regalo que nos podemos hacer a nosotros mismos y a nuestros animales. Este trabajo interior implica también sanar heridas, traumas, bloqueos... para ir liberando todo eso que no somos en realidad. El camino es individual, pero para iniciar ese viaje interior hace falta responsabilizarnos de nuestra propia vida, de nuestra energía y de nuestro proceso. Y los animales nos acompañan en el camino. Hemos de crear en nosotros primero, para que ellos puedan recibirlo por resonancia.

El sentido

Gran parte de los comportamientos de nuestros animales tienen un «para qué», tienen un sentido, sea consciente o inconsciente. A través de nuestros animales y de algunos de sus comportamientos nos podemos dar cuenta de muchos aspectos propios de los que debemos tomar conciencia. Si lo vemos desde esta perspectiva, daremos las gracias a nuestros animales por mostrarnos el sentido de sus conductas, en vez de enfadarnos por ello. Que nos muestren algunas cosas en las que nos vemos reflejados con tanta claridad y sin ningún tipo de juicio es un regalo. Nos permite vernos con mayor claridad.

¿Alguna vez has sentido vergüenza ante el comportamiento de tu animal? A mí, mi perro Merlot me mostraba una vez tras otra mi sentido de la vergüenza.

Desde muy pequeña, por varios motivos, fui una niña extremadamente tímida y que se avergonzaba en muchas situaciones. Esa vergüenza en ocasiones me ha paralizado y me ha llevado a experimentar sufrimiento. No quería que los demás me vieran, siempre he querido pasar desapercibida. Y aunque a medida que fui creciendo la vergüenza fue poco a poco disminuyendo, en algunas situaciones seguía muy presente en mí. Hace un tiempo me di cuenta de que Merlot me mostraba este estado en el que yo me encontraba, me mostraba mi propia vergüenza con algunos de sus comportamientos. Aunque yo pensaba que lo tenía más sanado, allí estaba Merlot para mostrarme que yo aún sentía vergüenza en situaciones que no me permitían avanzar en mi vida, no permitía mostrarme al resto tal y como yo era (y era algo que no debía seguir normalizando).

Recuerdo una vez que Merlot empezó a hacer sus necesidades justo delante de las puertas de las casas. Lo que me sorprendía más era que lo hacía justo delante de la puerta (no unos centímetros más lejos, sino siempre justo delante de la puerta) y esa acción se repetía día tras día. Eso no era algo usual en él. Cuando lo hacía, yo me ponía nerviosa, rezaba para que nadie saliera por la puerta en ese momento y que tuviese tiempo para recoger sus deposiciones con una bolsa sin que nadie me viera. Pues bien, cuando vi que durante toda la semana Merlot hacía exactamente lo mismo, y se repetía el mismo comportamiento, empecé a plantearme que quizá tenía algún mensaje para mí... ¡Ajá! ¡Ya lo tenía! Merlot me estaba haciendo ver la vergüenza que yo sentía. Con su comportamiento me estaba haciendo sentir vergüenza, para que yo la viera, la atendiera, la abrazara, la transformara. Y quizá pensaréis... «Pues vaya tontería, ¿no?». De tontería nada... En cuanto fui consciente del mensaje, en cuanto comprendí el sentido de sus comportamientos repetitivos día tras día y fui consciente de que debía atender mi propia vergüenza para que no me siguiera paralizando en mi día a día, Merlot nunca más hizo sus necesidades delante de las puertas. No volvió a suceder.

Aunque siento que nada de lo que sucede en este mundo es casual, algunas personas podrían pensar que ese cambio de comportamiento en Merlot fue fruto de la casualidad. Para despejar algunas dudas a aquellas personas más escépticas, pondré otro ejemplo personal (que me sorprendió incluso a mí misma) en el que podemos vislumbrar hasta qué punto nuestros animales resuenan con nosotros y sus comportamientos tienen un sentido profundo. Merlot es un perro friolero y, cuando llega el invierno, adora las mantas. Siempre le compro mantas supersuaves porque sé que le encantan. Lo que no entendía era por qué en ocasiones me gruñía cuando yo le cubría con su manta. Pasaron los años y ese comportamiento se repetía de vez en cuando, cada semana, incluso varias veces por semana. Aunque yo sabía que Merlot quería que lo tapara para estar más calentito, él no podía evitar gruñir cuando hacía el gesto de cubrirlo con la manta. Pero ese comportamiento cesó a raíz de un cambio de casa. Y diréis, ¿qué tiene que ver la casa con su comportamiento? ¡Pues mucho! La manta significa cobijo, así que ya os estoy dando una pista bastante importante...

Decidí hacer un cambio importante en mi vida. Después de dejar una larga relación decidí probar algo que siempre había deseado: vivir sola en la montaña, salir de la ciudad e irme a vivir a un entorno más tranquilo y rodeada de bosque. Algunas personas no comprendían por qué tenía que alejarme tanto de la ciudad donde siempre había vivido, pero yo sentía que mi hogar debía estar cerca de la montaña. Fueron muchos meses de buscar y buscar. Cuando por fin encontré el lugar, hice la mudanza y me traje a Merlot. Era pleno invierno, y yo seguía tapándolo con su manta cada noche, pero a diferencia de antes, nunca más me gruñó. Al cabo de unos meses de ver que Merlot ya no me gruñía, empecé a reflexionar y me di cuenta de que desde que llegamos a nuestro nuevo hogar él había dejado de tener ese comportamiento. Y reflexioné sobre los posibles motivos. En realidad el comportamiento de Merlot podía tener diversos sentidos, pero enseguida me resonó uno en particular: yo me sentía en mi lugar, me sentía en casa, me sentía cobijada... y Merlot también. Por fin había encontrado mi lugar.

A lo largo de mi vida me he sentido perdida, y hasta entonces sentía que no sabía muy bien cuál era mi lugar en el mundo. No encajaba con mi entorno, me sentía desubicada. «¿Cuál es mi lugar en el mundo?», me preguntaba. Unos años antes de mudarme, empecé a realizar cambios importantes en mi vida, impulsados y alineados por verdaderas transformaciones en mí. Y el cambio de hogar culminó ese conjunto de procesos internos y dio inicio a una nueva etapa donde me sentía ubicada y empezaba a sentir cuál era mi lugar en el mundo (interno y externo).

Cuando llegué a mi nuevo hogar en la montaña, enseguida me adapté al lugar y al entorno. Me sentía como en casa y que mi vida ya no estaba tan desubicada. Yo me sentía cobijada y Merlot se sentía cobijado.

¿Los elegimos o nos eligen?

¿La elección de nuestro animal es fruto del azar? ¿Escogemos nosotros a nuestros animales? ¿O nos escogen ellos a nosotros?

Según la ley de resonancia todo en el universo vibra, todo es vibración. Vibraciones similares vibran juntas, resuenan igual. Hay una inteligencia que lo mueve todo en el universo, y cada uno de nosotros emitimos diferentes frecuencias que hacen que vivamos ciertas experiencias, al igual que hace que vivamos algunas experiencias con determinados animales que atraemos a nuestra vida (por distintos motivos o sentidos, dependiendo de la persona, de su plan de alma, pactos, etc.). Desde mi humildad, no conozco los motivos que hacen que un animal llegue a nosotros, pero siempre hay un sentido profundo por el que un animal ha llegado a ti o por el que os habéis atraído mutuamente. Debemos tomar conciencia de que todo lo que nos ocurre está en resonancia con nosotros. Con lo que pensamos y sentimos estamos emitiendo y atrayendo una vibración. Estamos recibiendo experiencias en función de nuestra vibración, y lo mismo sucede con las relaciones y con los animales que aparecen en nuestra vida. Ha habido una resonancia a algún nivel. Y sea por el motivo que sea, con el sentido que sea, el animal que llega a nosotros es una maestría para conocernos más a nosotros mismos y vivir experiencias que hemos atraído y necesitábamos experimentar.

Esto nos puede encajar de manera más fácil o amable cuando el animal que llega a nosotros nos inunda con amor y con situaciones que nos alegran la vida. Pero ¿qué sucede cuando el animal que llega a nuestra vida nos hace afrontar situaciones difíciles? Cuando nos pone a prueba, o en la relación con el animal y en el día a día surgen tensiones o conflictos.

Cualquier situación o relación que se nos presenta en la vida tiene un para qué, todo tiene un sentido profundo que va más allá de lo que nuestra mente pueda llegar a comprender.

Esta observación, como tantas otras, como ya he comentado al inicio del libro, nace de mi experiencia, no es que sea la verdad, pues yo no estoy en posesión de la verdad, así que solo quédate con lo que te resuena. No trato de convencer a nadie, solo expongo mi experiencia y mi sentir en estos momentos de mi vida. Personalmente he vivido situaciones difíciles con mis animales que me han hecho ir más allá de esa dificultad, de mis propias limitaciones: atreverme a vivir una situación tan tensa y difícil (percibida así desde mi mente) y confiar en que todo eso que estaba experimentando tenía un sentido profundo que mi mente no era capaz de comprender, que debía confiar en que estaba preparada para eso, para afrontarlo, vivirlo, ir más allá de mis miedos y mis propias limitaciones. Y aprender de un hermoso camino junto a mis animales.

CAPÍTULO 10

Dolencias

El dolor genera una subida en los niveles de estrés del animal, que provoca consecuencias en su estado emocional y en ciertos comportamientos. En ocasiones, al atender una enfermedad o dolencia a nivel holístico, el estado del animal cambia completamente

Terapias holísticas y energéticas

Ante cualquier enfermedad o dolencia debería valorarse no solo el síntoma físico, sino la emoción que hay detrás. Cada vez están más extendidas las terapias integrativas para animales, que no solo contemplan solucionar los síntomas físicos, sino que también dan importancia al mundo emocional, ahondando hasta la raíz del problema, con la intención de mejorar la salud física y emocional.

En este capítulo, mi intención es dar una pincelada rápida al mundo de la medicina veterinaria integrativa o cualquier tipo de terapia holística y energética, para abrir esta opción a los animales y concienciar de la importancia de contemplar la esfera emocional del animal ante cualquier enfermedad. No soy experta ni estoy especializada en este tema, pero tengo la experiencia de haber visto en muchos animales con los que comunico mejorar sus enfermedades gracias a este tipo de terapias integrativas. Así que me gustaría dedicar estas líneas a sensibilizar sobre la necesidad de ver al animal como un todo y no solo como un cuerpo físico. Los animales responden muy bien a este tipo de terapias porque, a diferencia de las personas, no necesitan creer o no creer en ellas. Ellos no ponen mente al tratamiento, se entregan por completo sin poner ningún tipo de barrera que pueda dificultar el trabajo. Asimismo, debemos hacer hincapié en que en los animales no existe el efecto placebo, por lo que la curación o la sanación gracias a este tipo de terapias o complementando a otras no se puede deber al efecto placebo, porque ellos no tienen la capacidad de autosugestionarse.

Las terapias integrativas y alternativas pueden complementar la medicina/veterinaria convencional, puesto que no las excluyen, sino que abren un abanico inmenso de posibilidades adicionales; complementan y tratan la enfermedad del animal seleccionando de manera individual el tratamiento que más se ajuste a cada uno. Las opciones son extensas: acupuntura, homeopatía, craneosacral, terapia neural, aromaterapia, fitoterapia, esencias florales, etc. Además, no tienen efectos secundarios, por lo que pueden ser muy beneficiosas, especialmente en enfermedades crónicas.

La medicina holística o integrativa no tiene como objetivo suprimir un síntoma físico, sino ir a buscar la causa, entendiendo que si no tratamos la causa el síntoma puede volver a aparecer de la misma forma, de otra, o incluso más fuerte. Que a veces no veamos el síntoma no quiere decir que la causa no siga allí, y seguirá manifestándose de alguna manera. Como he comentado, la medicina veterinaria integrativa ve al animal como un todo, tiene en cuenta su cuerpo físico, mental y emocional, así como el energético, y considera también el entorno, ya sea la relación con su familia, el lugar donde vive, el tipo de alimentación que toma (si es natural adaptada a su especie), etc.

En la medicina veterinaria holística se tiene muy en cuenta el cuerpo emocional. Cada impacto emocional que recibe el animal (al igual que sucede en las personas), si no es liberado en ese momento, puede producir un bloqueo energético que podría tener un efecto físico y una resonancia con los distintos órganos en los que se produce un estancamiento de la energía.

Elia encontró en la calle a Blanca, una gata con un lazo de acero que llevaba en su abdomen obstruido desde hacía muchos meses que le provocaba grandes daños físicos. Estuvieron muchos meses con distintos tratamientos veterinarios y, aunque parecía que la herida estaba mejorando, de repente empezó a empeorar. Los pronósticos de varios veterinarios no eran buenos y ya no les quedaban tratamientos que probar para mejorar la salud de la gata.

Elia me contactó para comunicar con Blanca porque no sabía qué más hacer para ayudarla. En la comunicación me expresó que se sentía muy vulnerable no solo físicamente, sino sobre todo emocionalmente. Que no se había sentido un ser libre y que había tenido muchos obstáculos en su vida; sentía que siempre debía luchar y luchar para sobrevivir, que le faltaba el aire, que se había sentido atrapada y sin libertad. No paraba de insistir en lo vulnerable que se sentía. Le intenté transmitir que ahora todo estaba bien, que estaba segura, protegida y cuidada, que era un ser libre y no debería luchar más contra ningún obstáculo, y que confiara.

Además, hice algún pequeño trabajo energético con el permiso de Blanca y sentí que había un bloqueo importante en su primer chakra. Un desequilibrio justamente en el primer chakra nos habla de posibles bloqueos por emociones como la falta de apoyo y la vulnerabilidad, entre otros. Hice varias sesiones diarias porque sentía falta de energía vital en la gata. Al cabo de una semana, Elia me contó que desde la comunicación y los trabajos energéticos o de sanación, la gata estaba mucho más animada, más contenta y que parecía que la herida estaba mejorando. Con Elia hablamos de que debía de haber otras opciones disponibles para ayudar a la gata, que no debía tirar la toalla. Le hablé de la medicina veterinaria holística y decidió empezar un nuevo tratamiento holístico, que deseo con toda mi alma que le permita sanar, y ambas puedan seguir su camino con amor y confianza.

No hay que tirar la toalla. No todo está perdido. Si el animal desea sanar, démosle herramientas para ello y todo lo que necesite de nuestra parte, comprendiendo que son seres holísticos.

La pequeña gata Iris fue encontrada por Nadia con apenas un par de meses de vida, con lesiones graves de todo tipo que le impedían andar y hacer sus necesidades por ella misma. Estuvo entre la vida y la muerte en varias ocasiones, y no le daban apenas esperanzas de salir adelante. Comuniqué con la pequeña y me expresó que ella tenía muchas ganas de vivir, tenía ilusión y quería tirar para delante, que confiaba mucho en Nadia y que se sentía amada. Eso le dio muchas fuerzas a Nadia para seguir adelante y buscar más opciones. Además de apoyarla con esencias florales y trabajos energéticos, empezaron a complementar con terapias veterinarias holísticas e integrativas, como acupuntura. Al cabo de unas semanas, Nadia me contó los grandes progresos que estaba haciendo Iris. Empezaba a andar sola y a hacer sus necesidades por ella misma sin ayuda. Nadia estaba muy contenta de ver como su gata crecía sana y feliz. Al cabo de unos meses, Nadia me escribió para contarme lo contenta que veía a Iris, con la que podía disfrutar de largos paseos por la montaña.

Esencias florales y áureas

Las flores tienen propiedades curativas. Gracias a su proceso de elaboración, el agua resultante del proceso guarda la vibración de la flor, es decir, el patrón vibracional y sus propiedades curativas. Por eso suelo usar esencias florales para apoyar los diferentes procesos que se dan en los animales.

Entre las esencias más conocidas están las flores de Bach, descubiertas por el doctor Bach. Son un remedio floral que consta de más de treinta y ocho flores distintas. Al usarlas en sus pacientes para determinados estados de ánimo que estaban viviendo, observó que favorecía la curación de dolencias físicas y también de estados emocionales. El doctor Bach partía de que las enfermedades físicas tenían un origen emocional, y que cuando se conseguía restaurar el equilibrio emocional del paciente era cuando se podía ayudar también en la dolencia física. Por ello, con las esencias florales se puede tratar la causa que origina el problema físico, que es el resultado de un desequilibrio del alma y de la mente.

En los animales los resultados suelen ser muy positivos, porque al igual que he comentado para las terapias holísticas, no ponen resistencias mentales ni se cuestionan el funcionamiento de las esencias. No solo los problemas físicos pueden tratarse de manera complementaria con las esencias, sino que ayudan mucho como apoyo a la parte de comportamiento y conducta del animal.

Puede ser una buena oportunidad que cuando les demos apoyo a nuestros animales con esencias florales y áureas, sus personas podamos tomar también esencias florales adaptadas a nuestras necesidades. Las esencias fueron descubiertas para su uso en personas, pero después se vio el gran trabajo que realizaban también en animales, ya que estos no ponen ningún tipo de barrera mental al trabajo de las esencias y se abren por completo al proceso.

Recuerdo el caso de Emily, una chica muy alegre y simpática que compartía su vida con varios gatos con los que quiso que yo comunicara. Al comunicar con uno de ellos, Shangái, percibí que los dos resonaban mucho y tenían una profunda conexión. Shangái parecía un gato tranquilo y equilibrado, y según él me comentaba hacía una función importante, mostrarle a Emily cómo ella debía tomarse la vida de manera más relajada y con mayor serenidad mental.

Al finalizar la comunicación hice un testaje en esencias florales y áureas con péndulo para ver cuáles serían las esencias más beneficiosas para Shangái en esos momentos, pero las esencias florales que se me mostraron no eran las esperadas. Eran esencias que ayudaban a equilibrar o armonizar ciertos aspectos de la personalidad o aspectos emocionales que no tenían mucho que ver con Shangái. Por ejemplo, una de las esencias ayudaba a aportar moderación y armonía en actitudes con mucho desgaste de energía e incluso hiperactividad. Eso no me encajaba con la energía tranquila y serena de Shangái. Parecía que las esencias florales hablaban más de Emily que de Shangái. Enseguida comprendí lo que posiblemente estaba sucediendo: las esencias eran para Emily, para que ella las tomara y la ayudaran en su proceso personal. Ella y su gato resonaban de un modo muy especial según había percibido en la comunicación, así que le pregunté a Emily si eso era así y ella asintió. Emily no solo me dijo que resonaban mucho, sino que me contó que Shangái tenía episodios de posibles alergias, constipados y estornudos, y que ella tenía esos episodios del mismo modo. Una vez más, había resonancia en eso también. Después de charlar un rato con Emily, decidió que sería muy beneficioso para ella tomar las esencias florales, ya que había sido una señal clara de que la ayudarían en su proceso personal, para aportarle mayor armonía. Por lo que cada uno de los gatos de la casa empezaron a tomar las esencias adaptadas a sus necesidades individuales, y Emily se abrió con ilusión a tomar las suyas como apoyo en su proceso personal.

CAPÍTULO 11

Relaciones que nos sanan

La profunda conexión que establecemos con nuestros animales es de por sí sanadora para todos. Una escucha profunda hacia ellos nos sumerge en nuestra propia escucha interna, y se produce la posibilidad de la sanación en ellos y en nosotros. Los animales nos ayudan en nuestro camino; vienen, de alguna manera, a tendernos su mano (su patita, su ala...) y a colaborar en nuestro proceso. Que eso se dé de manera natural, por la conexión que establecemos con ellos, por su entrega y amor incondicional, no debería significar que los usemos para este fin. Deberíamos tener siempre en cuenta sus intereses y respetar su voluntad.

Si cambiamos la visión que tenemos del animal, cambiará la visión que tenemos hacia el mundo. Los animales tienen alma (como nosotras las personas) y son maestros solo con su presencia, puesto que actúan desde el amor, en coherencia, sin máscaras, sin juicios, en el aquí y el ahora. Los animales están esperando de manera urgente que conectemos con ellos de un modo más profundo, que comprendamos su mundo interior para que podamos conectar también con nuestro propio ser y actuar de corazón, desde el sentir.

Deberíamos empezar a ser conscientes del tipo de relación que establecemos con nuestros animales y con nosotros mismos. Observar cómo nos relacionamos con los animales de nuestra familia nos permitirá ver de forma más clara cómo somos y cómo actuamos.

Ser conscientes de las desarmonías que creamos al relacionarnos con nuestros animales nos ayudará a mejorar el vínculo con ellos. Las relaciones de hiperapego, hiperdependencia, sobreprotección, control, imposición..., todo eso puede generar ansiedad y frustración en el animal. Debemos observar el tipo de relación y vínculo con nuestros animales, las carencias emocionales que sin quererlo establecemos con este tipo de relaciones, para poder ser conscientes y empezar a relacionarnos con ellos desde otro lugar. El respeto y la empatía son la base de cualquier relación, libre de cualquier proyección nuestra.

Los animales son maestros por lo que nos muestran de ellos y por lo que nos muestran de nosotros mismos. Cuando hablamos de que son nuestros maestros, no todos sus actos van a ser bonitos o luminosos como pensamos, pero siguen siendo nuestros maestros. Lo seguirán siendo incluso cuando nos obliguen a confrontarnos con nosotros mismos, a ver partes de nosotros que no deseamos ver, a reflexionar sobre cómo debemos actuar en la vida, a cuestionarnos, a cambiar nuestra perspectiva y a crecer.

Trabajo en equipo

Existen algunos bloqueos en los animales que solo se diluyen cuando la persona responsable del animal hace su propio trabajo interior. Ya hemos hablado del efecto espejo, que no solo se da en nuestros animales, sino en todo lo que nos muestra la vida. A veces, cuando ya se ha intentado todo para mejorar cierto aspecto de la relación con nuestros animales y no se ha conseguido (con terapias holísticas, terapeutas felinas, educadores caninos en positivo...), deberíamos preguntarnos qué dice de nosotros el comportamiento de nuestro animal, qué mensaje profundo tiene para nosotros, qué bloqueo interno estamos emanando y vibrando que nuestro animal de alguna manera muestra para que seamos conscientes de ello.

Tati era una gata que siempre maullaba. Según me contaba su responsable, Amanda, maullaba con mucha angustia. Me contó que lo había intentado todo, que había acudido a muchos profesionales para ayudarla, pero nada funcionaba. En la comunicación, Tati expresó el malestar que sufría su responsable, la gran tristeza que albergaba en su interior y que debía liberar de alguna manera, pues esa tristeza era muy profunda, se había quedado atrapada en su ser y no la dejaba avanzar. Me contó un bloqueo especialmente en el chakra corazón, una tristeza muy profunda, y la necesidad de que Amanda se amara y no buscara la protección en los demás ni en sus relaciones, que se reconociera a ella misma, que reconociera la belleza de su ser y que se amara profundamente. Toda la comunicación giraba más en torno a la persona que a la gata. Para mí fue muy bonito atestiguar la reacción de la responsable ante todo lo que expresó Tati, pues su humana acogió con mucho amor todas las palabras de la gata y decidió buscar ayuda externa en su proceso personal.

Nuestros animales pueden ser como esponjas, no solo de lo que decimos y de lo que hacemos, sino de lo que emanamos internamente y de todo el entorno, de todo lo que se mueve en el hogar. No se pueden ocultar a un animal nuestros pensamientos, emociones ni sentimientos, eso ya de por sí emite una vibración, y en función del animal tendrá un impacto en su ser. Ellos resuenan con todo lo que está a su alrededor, y no debemos olvidar que pasan todo el día en nuestro hogar, veinticuatro horas entre esas paredes o con nuestra presencia. Debemos tomar conciencia de que ellos lo sienten todo. Si, por ejemplo, viven en un hogar donde constantemente hay enojo o ansiedad, eso les afecta. Tomemos, pues, conciencia de que nuestros estados internos tienen una repercusión y afectan a nuestros animales, pero no desde la culpa, sino desde la consciencia y desde la responsabilidad. Si nos quedamos atrapados en la culpa, no podremos cambiar aquello que creamos necesario para nuestro bienestar y el bienestar de nuestros animales.

No le pidas a tu animal lo que no te das a ti mismo

Esta es una frase que digo muy a menudo y que me gusta, porque refleja esa necesidad de mirar hacia dentro. Para poder dar lo mejor a los demás primero tenemos que estar dándonos lo mejor a nosotros mismos. No podemos dar al otro lo que no está primero en nosotros, por lo que tampoco podemos pedírselo al otro. Esto se aplica del mismo modo con los animales. Si queremos comprometernos con nuestros animales y con la relación con ellos, debemos comprometernos con nosotros mismos, con nuestra evolución, con darnos lo mejor en cada momento y cuidarnos.

Hay muchas maneras de observar lo que le estamos pidiendo a nuestro animal que previamente no se está dando en nosotros. Una de ellas (entre tantas otras, y que son muy individuales) es observar la manera en la que le hablamos: las palabras que utilizamos y nuestro estado interno cuando las pronunciamos. Las palabras ya de por sí tienen una vibración determinada. No es lo mismo decir «te quiero» que decir «te odio». Al pronunciarlas emiten una vibración, que tiene un efecto, pero también nos revela la emoción que está sintiendo la persona que las dice en un momento determinado, eso también vibra. No es lo mismo decirle a alguien «tonto» en un tono gracioso mientras te ríes, que decir «tonto» con tono despectivo y altivo. Incluso más allá del tono, la emoción que se siente detrás de ese término se percibe a través de la vibración.

Volviendo a nuestros animales. ¿Cómo les hablamos a ellos? ¿Y qué dice eso de nosotros mismos? Cada caso es particular e individual, pero la manera en la que les hablamos nos ayuda a autoobservarnos en muchos aspectos sobre nosotros mismos.

También podemos observar cómo nos hablamos a nosotros mismos, pues algunas personas nos tratamos de forma muy dura y eso tiene un efecto en los demás y en el modo en el que nos relacionamos con nuestro entorno. Eso es algo en lo que personalmente me veo muy reflejada y siento que algunos de los comportamientos que mis perros me han mostrado o que me siguen mostrando (como ciertas reactividades) están relacionados con el ruido mental que genero cuando soy tan severa conmigo misma. Si nos hablamos a nosotros mismos constantemente de manera muy dura o desesperanzadora («no puedo», «no me lo merezco», «no soy capaz»), ese diálogo interno de pensamientos sostenidos se convierte en un sentimiento que puede tener consecuencias devastadoras para nuestra salud, incluso física. Además, ese ruido mental y esa forma inflexible de hablarnos a nosotros mismos, los animales la perciben y tiene efectos también sobre ellos, como lo tiene sobre el entorno.

Vamos a poner un ejemplo bien sencillo. En el trabajo te han puesto al lado un compañero de tu equipo que está diciendo constantemente «no puedo», «este proyecto no va a salir adelante», «no me lo merezco», «no podemos sacar esta tarea, no tenemos recursos»... ¿Cómo te acabas sintiendo al cabo de los días, semanas, meses...? ¿Te ha sucedido algo así alguna vez? ¿Qué efectos tienen esos pensamientos y emociones recurrentes en tu estado anímico? ¿Te ha contagiado tu compañero la desilusión y desesperanza? ¿O has sentido incluso algún tipo de rechazo o enfado? Este efecto que podemos experimentar nosotros por estar al lado de una persona con diálogos internos desesperanzadores (que son obvios porque la persona los verbaliza), podría llegar a ser el mismo efecto que pueden experimentar los animales con los que convivimos si entramos en ese diálogo interno destructivo. No importa incluso si no verbalizamos esos pensamientos, porque por el mero hecho de pensarlos de manera recurrente activa emociones como el miedo, la frustración y la ira (que a la vez activan respuestas en nuestro cuerpo) que son percibidas por nuestros animales. No hay nada que se les escape, pues recordemos que son seres muy sensitivos a todos los niveles y con algunos sentidos sensoriales mucho más agudizados.

Para el animal eso es muy confuso. Ellos no mantienen este diálogo interno perturbador incesante, no lo entienden, pero sí perciben los efectos que produce en nuestro campo mental, emocional y físico, y les puede afectar.

¿Y cuál es el primer paso para cuidar la manera en la que nos hablamos a nosotros mismos? ¡Tomar conciencia! Ser conscientes de nuestras voces internas, identificarlas, ponerlas incluso sobre papel puede ayudar a que la próxima vez nos sea más fácil identificarlas. El punto de partida es darnos cuenta y observar las creencias limitantes que hemos construido, que incluso están soterradas en nuestro inconsciente y andamos por la vida activándolas de forma automática. Porque si no nos sentimos atrapados en un hábito de pensamientos limitantes y angustiantes, que nos parecen certezas absolutas, cuando en realidad no lo son; solo son ideas propuestas por nuestra mente, son pensamientos que nada saben de nosotros ni del mundo que hay ahí fuera, y que además no nos generan paz.

Se dice que debemos tener cuidado con lo que pensamos, que esos pensamientos construyen nuestra realidad. Mediante varias comunicaciones he podido observar como algunos pensamientos de las personas realmente tienen efectos en el animal, y les puede afectar generando desconcierto y ansiedad cuando son pensamientos desarmónicos.

Los animales pueden captar nuestras imágenes mentales y todo lo que sucede en nuestro interior a mucha distancia; en realidad, sin importar la distancia. Si estamos conectados, a través de la telepatía y de esa conexión profunda con el animal, el animal puede recibir todo lo que nosotros estamos experimentando. El doctor Rupert Sheldrake recabó muchos informes de casos de animales (especialmente perros y gatos) que sabían anticiparse a la llegada a casa de su persona responsable cuando esta se encontraba aún a mucha distancia de la casa, y eran personas que no tenían un horario fijo establecido en el trabajo, ni rutinas que pudieran dar pistas al perro o al gato.[4] Según su investigación, tenía mucho sentido que se diera esta anticipación en los animales, porque ellos captaban los pensamientos de sus personas responsables en relación con la llegada a su casa. Hay animales que reaccionan a las inten-

4. Rupert Sheldrake, *De perros que saben que sus amos están camino a casa*, Barcelona, Paidós Ibérica, 2001.

ciones, sin necesidad de hacer ese recorrido a casa, ni siquiera iniciarlo. ¿Por qué sucede eso? Una vez más, por lo mismo: el animal capta lo que estamos vibrando o emanando, esa intención de regresar ya activa todo el despliegue de efectos de vuelta a casa que son perceptibles para el animal.

Por ejemplo, yo no tengo un horario fijo de salir a la calle con mi perro Merlot, sus salidas pueden variar en un espacio de tiempo de dos horas. Alguna vez mientras estoy trabajando y Merlot está durmiendo tranquilamente en la misma sala, de repente me viene el pensamiento: «Se está haciendo muy tarde...», y luego: «Debería sacar a pasear a Merlot». En el mismo momento en el que el primer pensamiento acude a mi mente, me doy cuenta de que Merlot ya me está mirando fijamente con la cabeza levantada. De manera casi simultánea aparece el pensamiento y Merlot me mira fijamente (segundos antes estaba tumbado, con la cabeza en el suelo y los ojos cerrados). Tengo dos posibles hipótesis que seguir explorando:

1. Merlot capta mi pensamiento, incluso unos pocos segundos antes de que se haga consciente en mí ese pensamiento (concretamente, el segundo pensamiento).
2. Merlot me manda telepáticamente la información de que quiere pasear, mientras yo estoy concentrada trabajando, y de alguna manera acaba teniendo efecto en mí.

Alguna vez a Merlot incluso le surge efecto hacer «presión pasiva» para que me dé cuenta de que quiere pasear.

¿Te ha sucedido alguna vez notar que alguien te está mirando desde atrás fijamente? No ves a la persona (incluso ni siquiera sabes si hay alguien en realidad), pero notas una energía, una presencia, algo que te hace girar... y descubres que, efectivamente, hay alguien mirándote de manera muy penetrante. Algo parecido noto cuando estoy trabajando mientras Merlot duerme, pero de repente no sé por qué me da por girarme y le veo sentado y mirándome de manera muy penetrante. Lo observo y rápidamente me viene el pensamiento: «¡Ah, que toca paseo!».

¿Qué podemos aprender de los animales a través de la observación de su forma de vivir?

La impermanencia

Los animales viven menos años que nosotros, y entre muchas otras enseñanzas que nos brindan solo con su presencia está la enseñanza de la impermanencia, algo que nos cuesta bastante aceptar y que siento que los animales nos lo ponen bien de cerca para que empecemos a asumir esa parte tan importante de la vida.

La naturaleza de todo es cambiante, las cosas nacen, se transforman, cambian... Pero nos cuesta aceptar y vivir desde esa impermanencia. Nos apegamos a muchas cosas y eso nos genera sufrimiento. A veces tenemos tantos apegos que no nos damos ni cuenta. Nos apegamos a personas, a objetos, e incluso a situaciones, recuerdos, pensamientos, vivencias pasadas o futuras ilusiones... Nos apegamos, eso nos puede generar sufrimiento.

Todo lo que nace muere, y esa es una vivencia que, aunque sea dolorosa, podemos atrevernos a vivir desde lo más profundo con nuestros animales cuando es el momento de su partida y dejan su cuerpo físico. El tránsito de nuestros animales es una experiencia dura que conlleva dolor, pero podemos salir fortalecidos del duelo por la muerte de nuestros animales, podemos llegar a despegarnos de lo material o lo tangible, comprendiendo que nada muere en realidad, que el amor es lo único que permanece.

Sin juicio

Los animales carecen de ego, no juzgan. Sí que expresan lo que sienten y lo que ven desde su propia perspectiva acerca del mundo, pero no juzgan ni nos juzgan por ello.

El ego juzga. Las personas somos conscientes de nuestros pensamientos y de nuestros actos, y al ser conscientes de ellos empezamos a observarlos y a juzgarlos, y al juzgarlos nos sentimos culpables, porque creemos que algo que hemos dicho, hecho, pensado o incluso sentido no debería ser como ha ocurrido, o incluso no sentimos que sea moralmente aceptado. La culpa también tiene mucho que ver con lo que nos han enseñado culturalmente que es correcto e incorrecto, según lo que la sociedad, la cultura o la religión nos dicta que es bueno o malo.

La culpa tiene una carga emocional muy fuerte en nosotros. He tratado con personas que se sienten culpables por ciertas situaciones que viven con sus animales: culpables por no haberlos comprendido, por haberlos castigado o reñido, por no haberles dedicado suficiente tiempo. Una vez nos damos cuenta de que hay alguna situación que no ha beneficiado a nuestro animal, podemos tomar conciencia de que la próxima vez podremos actuar distinto y entonces hacernos responsables de la situación, pero hacerse responsable no quiere decir ser culpable. Hacerse responsable de algo nos permite encontrar una solución; en cambio, la culpa nos atasca y nos paraliza. La culpa no nos aporta nada bueno cuando nos mantiene en un estado de autosabotaje y autocastigo, en el que nos decimos constantemente a nosotros mismos que podríamos haberlo hecho distinto, que lo que hicimos está mal o que deberíamos haberlo hecho de otra manera. En vez de autocastigarnos y culparnos, podemos tomar conciencia, responsabilizarnos si es el caso, aceptar lo que sucedió o cómo actuamos, y perdonarnos por ello, ser compasivos con nosotros mismos y tener la tranquilidad de que a partir de ese momento actuaremos de otro modo. Estamos, pues, en disposición de tomar cartas en el asunto y de seguir avanzando sin sentirnos mal por lo que sucedió.

Inocencia, vida

Al igual que los niños, deberíamos seguir conectados a esa inocencia de los animales, esa ilusión por la vida que nos muestran en muchos momentos. Esa emoción que experimentan los animales, por ejemplo, cuando van a algún lugar que les encanta, y lo disfrutan como si fuera la primera vez. La felicidad que experimentan con el contacto con la naturaleza y esas cosas tan simples de la vida que las personas damos por sentadas y no apreciamos.

Esto me lleva a reflexionar sobre la necesidad de recuperar esa ilusión e inocencia. Parece que hoy en día ser inocente esté mal visto, porque en ocasiones se asocia a vulnerabilidad; en cambio, recuperar esa inocencia innata en el ser humano (personas adultas y responsables de nuestra vida) nos permite maravillarnos por la vida, por aquello que acontece como si fuera la primera vez, amando, disfrutando y aprendiendo.

A través de los animales también podemos reconectar con esa inocencia porque, en realidad, es una capacidad que habita en cada uno de nosotros. El amor por toda clase de vida, incluidos los animales o la naturaleza, es algo innato en las personas. Es lo que se denomina biofilia, que es el amor innato y el sentido de conexión hacia todas las formas de vida. Nacemos con esa capacidad de maravillarnos por todo lo que nos rodea, como los niños. A medida que nos hacemos adultos, algunos de nosotros olvidamos la conexión con todo lo que nos rodea, con la naturaleza y con los animales. Pero muchas personas ya están despertando de ese olvido, reconectando con el amor hacia los animales y hacia todo ser vivo.

A veces aparecen animales en nuestra vida y nos abren el corazón de tal forma que empezamos a recordar el ser inocente que somos, un ser que se maravilla ante la vida, que puede llorar de la emoción viendo una preciosa puesta de sol, que puede conectar con la lluvia cayendo sobre su cuerpo, que puede maravillarse contemplando una mariposa, uniéndose a través de todo ello en una danza con la vida. Si recuperáramos esa inocencia, veríamos todo lo que acontece de manera muy distinta y abrazaríamos lo que sucede, aceptando el momento presente tal y como es, con su belleza intrínseca, y seríamos espontáneos ante todo lo que ocurre a cada instante.

Aceptación del presente

Cuando nos encontramos ante situaciones difíciles o problemas, los seres humanos podemos caer fácilmente en dramatizar las situaciones y victimizarnos. «¿Por qué? ¿Por qué me pasa esto a mí? ¿Qué he hecho yo para merecerme esto? ¿Otra vez? ¡No puede ser!».

No he conocido a ningún animal que me contara una situación difícil por la que estuviera pasando y me dijera que aquello no debiera estar ocurriendo. Por supuesto que hay animales que me cuentan sus dificultades, las cosas que no les gustan y que deben cambiar en sus casas para poder ser felices o mejorar la situación, pero nunca niegan lo que está sucediendo en esos momentos, no rechazan el presente, nunca dicen: «Esto no me puede estar pasando a mí». Esta última frase es más de estilo humano. Cuando nos sucede algo que es desagradable inmediatamente entramos a juzgarlo, no queremos asumir que esté pasando y rechazamos ese momento. Los seres humanos gastamos mucha energía y tiempo pensando cosas como «esto no debería estar ocurriendo», «no puede ser», «esto no me puede pasar a mí»... sin asumir las circunstancias presentes.

Aceptar lo que viene en la vida no quiere decir quedarse quieto sin hacer nada al respecto. Aceptar lo que sucede no quiere decir conformarse con lo que pasa y no hacer nada para cambiarlo. Aceptar no tiene que ver con la resignación ni con la acción o la inacción. Por supuesto que debemos hacer aquello que creamos que será mejor para nosotros y para todos los implicados, pero si previamente no hay aceptación de la situación y de lo que esté ocurriendo, todo lo que emerja de nosotros estará desubicado. Ante el presente (especialmente cuando sucede algo desagradable) la aceptación ocurre cuando uno se rinde a lo que sucede sin necesidad de luchar. No podemos huir de lo que está sucediendo en el presente, por lo que no tiene sentido rechazarlo. Aceptemos el presente solo por el mero hecho de que eso es lo que está ocurriendo, y dejemos de contarnos nuestras propias historias sobre lo que ocurre o sobre lo debería estar ocurriendo.

A niveles más profundos, para que ciertas situaciones desagradables que causan dolor en nuestra sociedad se transformen, los seres humanos debemos aceptar primero eso que sucede ahí fuera que nos resulta desagradable. Es la única manera de avanzar y seguir nuestro camino de evolución, ayudando a que las cosas cambien. Se trata de abrazar en vez de luchar contra algo, porque la lucha genera rechazo, y el rechazo no puede transformar nada. No estoy diciendo que sea fácil, pero debemos empezar a reflexionar sobre esto si queremos que las cosas cambien y que las situaciones de sufrimiento no se perpetúen en el tiempo...

Os contaré una experiencia personal, en la que se me hizo muy evidente la necesidad de abrazar en vez de luchar. No deseo ser ejemplo de nadie, de hecho, sigo cada día aprendiendo de la vida y de mí misma, y me encuentro también ante situaciones personales desafiantes y de frustración, en las que continúo siendo aprendiz. Solamente deseo compartir esta vivencia para poner algo más de conciencia.

Hace varios años, cuando empecé a informarme sobre el maltrato animal presente en muchos productos que consumía en mi día a día, me sentí muy angustiada. Cambié mis hábitos de consumo en la medida de lo posible para no participar en eso y, al poco tiempo, empecé a involucrarme en varios proyectos para fomentar el respeto hacia los derechos de los animales. Quería hablar de ello, quería ayudar, que todo el mundo se enterara de lo que pasaba y las injusticias que se cometían contra los animales. Pronto me vi inmersa en proyectos y discursos propios que desprendían odio, que buscaban culpables e intentaban convencer a los demás de mis ideas desde mi propia angustia y mi dolor. Quería que la gente siguiera mis pasos y que dejara de hacer daño a los animales en todos sus hábitos diarios (comida, ropa, accesorios, ocio...). Empecé a sentir que me faltaba energía vital, a sentirme cansada, frustrada, desanimada, irritable... Y en ese momento me di cuenta de que algo no iba bien. ¡Ajá! ¡No estaba aceptando la situación! Estaba en lucha, y, por tanto, estaba sufriendo y añadiendo más sufrimiento. Padecía por el maltrato animal y estaba volcando todo mi dolor en los demás. No quería ni asumir mi propio dolor, porque en realidad no es nada fácil despertar al gran sufrimiento que causamos a los animales con los hábitos que se han normalizado en nuestra sociedad moderna, que usan a todo tipo de especies como si fueran cosas.

Así que me tomé un tiempo, me permití abrazar ese dolor, mi propio dolor, dejando de proyectarlo en los demás, no buscando culpables ni intentando cambiar nada de lo que pasaba allí fuera. Primero debía ir hacia dentro, indagar en mí, asumir y abrazar todas esas emociones que se me removían por dentro. De nada serviría que ayudara a concienciar sobre los derechos de los animales si detrás de mi discurso y mis actos había sufrimiento y dolor, mi propio sufrimiento. Para que no hubiera más sufrimiento animal y aportar mi granito de arena, comprendí que debía ser yo la primera en dejar de extender más sufrimiento. Mi sufrimiento solo añadiría más sufrimiento a la situación, y no permitiría un cambio real y transformador para el bienestar de los animales.

A lo largo del camino nos vamos a seguir encontrando con situaciones difíciles, incómodas, intensas... Yo no siento que la vida tenga que ser cómoda. Si queremos una vida cómoda nos quedaremos anclados en lo que tenemos por miedo. Pero si queremos vivir, eso es lo que es la vida, es movimiento interno, descubrimiento, apertura, intensidad...

No siempre vamos a estar en situaciones fáciles, pero ayuda aceptar lo que está sucediendo y confiar en que todo tiene un sentido profundo. Si por cada situación difícil que atravesamos nos hiciéramos la pregunta de «para qué» en vez de «por qué», todo sería muy distinto. Todo tiene un para qué; a veces podemos ser conscientes de ello y otras no, pues la vida alcanza una inteligencia que podríamos no comprender con nuestra mente humana.

Todo tiene un sentido profundo, y si empezamos a comprender esto, podremos empezar a relajarnos para pasar por esa situación difícil desde otro lugar. ¿Dejará de ser difícil? No, posiblemente no dejará de serlo, no se trata de evitar la dificultad, pero aprenderemos lo que es necesario que aprendamos y, posiblemente, si ya hemos aprendido lo que debíamos de este momento difícil, no se volverá a repetir. Si se repiten muy a menudo es que no hemos aprendido lo que debíamos. No hemos tomado conciencia y no hemos aprendido. Incluso en muchas ocasiones aprendemos a través del dolor. A veces desearía que fuera de otra forma, pero muchos de los grandes aprendizajes surgen de momentos difíciles y «oscuros», de situaciones muy complicadas, de las que con el tiempo vemos que hemos salido fortalecidos y con grandes aprendizajes.

En cuanto a los animales, ellos, que nos conocen tan bien, pueden llegar a sacarnos de nuestra zona de confort y eso nos permite tener la oportunidad de conocernos más y aprender. Hablo por la experiencia de algunas personas a las que acompaño, pues a veces sus animales las impulsan a ir más allá de sus propias limitaciones y salir de su zona de confort. He visto a personas que se han atrevido a hacer cambios importantes y transformadores en su vida motivadas por sus animales y acompañadas por ellos. Me parece tan bonito ver más y más personas que se atreven a hacer cambios gracias a sus animales, cambios que las acercan más a lo que son en realidad, a una vida más conectada con el corazón. No es que los cambios los debamos hacer solo por nuestros animales, pero estos nos ayudan a tomar conciencia de lo que deberíamos transformar en nuestra vida y nos impulsan a hacer los cambios que están en consonancia con nuestra verdadera esencia. Y, justamente, gran parte de esos cambios que hacemos no solo nos favorecen a nosotros, sino también a nuestros animales.

Nos cuesta salir de nuestra zona de confort, pues si todo sigue igual en nuestra vida nos da una idea de seguridad y de que controlamos lo que está sucediendo. Incluso el seguir los pasos que otras personas dan a nuestro alrededor nos puede dar una falsa sensación de seguridad. Para salir de la zona de confort suele haber una motivación profunda, un darse cuenta, una visión sólida con una clara dirección, pero eso no implica que no te puedas sentir incómodo cuando salgas de esa zona de confort, pues tendrás posiblemente que moverte en la incertidumbre. De todos modos, sin duda vale la pena salir, pues es una oportunidad constante para descubrirte, para conocer tus recursos internos, tus talentos, para vivir, para crecer, para despertar en ti todo lo que ha estado adormecido durante tanto tiempo, y recibir todo lo que la vida tiene preparada para ti en su inmensa sabiduría e inteligencia.

Como he dicho anteriormente, la mayoría de las veces aún aprendemos por dolor o sufrimiento, por desesperación, cuando ya estamos hartos de una situación, cuando nuestro vaso se ha llenado tanto que cae esa última gota que nos hace tomar la decisión de cambiar y salir de nuestra zona de confort. Pero en ocasiones también podemos decidir iniciar un cambio transformador en nuestra vida por algo que nos llena de tal manera y nos inspira que ya no podemos mirar a otro lado, sabemos que ese es el camino, aunque sigue siendo un camino incierto, sabemos en el fondo que esa es nuestra voluntad más profunda.

He asistido a cambios importantes de personas gracias a sus animales, cambios internos (o más bien un darse cuenta o un reconocerse) que quizá impliquen realizar cambios visibles a nivel externo que estén en consonancia y coherencia, pero siempre son cambios que empiezan por una mirada hacia dentro, en el interior de uno mismo. Si nos atrevemos a establecer una relación consciente con nuestros animales, a través de ellos comenzaremos a ver la vida de otra manera. Tal vez observaremos lo desnaturalizados que estamos, lo alejados que estamos de nuestra esencia, el poco tiempo que dedicamos para lo que de verdad importa (a eso le decimos «no tengo tiempo»), observaremos el nivel de estrés en nuestro día a día, la falta de respeto a lo que el cuerpo nos pide, el poco tiempo de calidad que invertimos en nosotros mismos y en nuestros animales, el tipo de relación poco saludable que tenemos con los animales y con el resto de las relaciones de nuestro entorno... y muchísimas cosas más. Los animales nos están ayudando a despertar, a acercarnos a nuestra verdadera esencia y nos están mostrando todos aquellos aspectos que debemos sanar.

Los animales viven en el presente, y viven el tiempo de manera distinta de las personas. No lo comprenden de manera lineal como muchas personas pensamos que es; viven en un espacio temporal donde todo puede suceder al mismo tiempo.

En varias ocasiones, cuando le he preguntado a un animal qué es lo que no le gusta en su vida o qué quiere que cambie, me ha expresado cosas o situaciones que después su persona me ha ubicado en el pasado. Es decir, que eso que no le gusta al animal o que quiere que cambie son cosas que se dieron en su experiencia pasada. Eso suele crear mucha confusión en la persona. ¿Por qué el animal explica cosas que no le gustaron en su pasado si no se dan actualmente? Puede ser por varios motivos, de los que yo al menos he llegado a las siguientes reflexiones: el animal aprovecha esa oportunidad de poder comunicar, puesto que la mayoría de los animales nunca han tenido la ocasión de poder comunicar telepáticamente y expresar sus necesidades. Si algo que sucedió en un pasado no le gustó, quiere asegurarse de que no se repita nunca más. Eso no quiere decir que el animal no viva en el presente, sino que expresa su disgusto cuando recuerda esa situación ahora en el presente. Además, los animales no tienen una estructura tan rígida como nosotras las personas, ni cuentan los días ni las horas como nosotros.

Este fue el caso de Charlie y el espantapájaros. Charlie era un adorable gato que tenía algunos miedos y su persona responsable, Laia, quería saber si había algún miedo que ella desconociera y al que debía prestar atención para acompañar a su gato. Al comunicarme con Charlie, entre muchas otras cosas, él expresó que le daba miedo el espantapájaros. Le pasé la información a Laia y fue muy gracioso, porque al hablar con ella me comentó que desde la comunicación había tirado a la basura el espantapájaros del que habló Charlie. Nos reímos mucho. De todas formas, a ella le pareció curioso que Charlie mencionara el espantapájaros, porque ya hacía mucho que el muñeco no estaba en un sitio visible para el gato en la casa, sino que estaba guardado en el armario. Yo le comenté que posiblemente su gato había aprovechado la oportunidad para expresar que no le gustaba ese muñeco y que le daba miedo o le creaba tensión si lo veía en la casa, con la posible intención de asegurarse de que no lo volviera a sacar del armario.

Tomando este ejemplo del espantapájaros, ¿qué nos sucedería a las personas a diferencia de los animales? Vamos a ponerle un poco de humor al asunto... Si hubiera un espantapájaros en el armario que nos creara tensión o miedo, como ser humano podríamos estar angustiados en casa por el temor a que el espantapájaros saliera del armario. ¡Qué horror! Incluso podríamos dejar de entrar en la habitación por miedo a que pudiera salir a nuestra caza. ¡Peligro de muerte! Deberíamos estar siempre en alerta y en gran tensión sin bajar la guardia ante la inminente aparición del espantapájaros, que podría abrir la puerta y darnos un susto. Incluso podríamos estar horas y horas sufriendo dándole vueltas a la cabeza sobre posibles escenarios imaginarios para poder protegernos del temido espantapájaros y buscando soluciones a algo que no está sucediendo: «¿Y si sale él mientras estoy durmiendo y viene a por mí?, ¿qué voy a hacer?, ¿debería estar prevenido?, ¿debería comprarme un pestillo de seguridad para mi dormitorio?...».

Un animal no juega con esa mente ilusoria que crea posibles escenarios futuros. El animal vive en el presente y reacciona ante un peligro tangible en ese mismo momento.

Conocerse a sí mismo

Si no nos conocemos a nosotros mismos, ¿qué esperamos saber?, ¿qué esperamos saber de la vida?, ¿qué esperamos saber de los demás?, ¿y de nuestros animales?

La vida sucede a través de nosotros, nosotros somos vida, pero seguimos desconectados de ella porque no nos entendemos y no sabemos quiénes somos en realidad. Creemos saber quiénes somos. Lo creemos, lo pensamos, pero lo que pensamos de nosotros y lo que nos contamos no es lo que somos en realidad. Para saber quiénes somos en realidad deberíamos ir a lo más profundo, atender todo aquello que no hemos estado atendiendo de nosotros mismos, pasar por un estado de honestidad, humildad y de confusión de no saber quiénes somos. Esta es la tarea más valiente que tenemos (si es que se le puede llamar tarea): conocerse a uno mismo. Es de valientes, sí, porque debemos empezar a cuestionarnos todo lo que hemos pensado hasta ahora, lo que nos hemos creído, lo que nos han enseñado, todas esas ideas con las que nos hemos identificado, toda esa identidad que hemos construido, nuestras máscaras...

Los animales son quienes son, si los dejamos ser. Nunca he tenido una conversación con algún animal que me dijera que él no es como debiera ser, o que no ama algo de sí mismo. Sí que he tratado con animales con la autoestima baja, debido a las palabras o a los actos de sus personas, pero esos desequilibrios se pueden dar por las desarmonías que creamos los seres humanos en los animales con los que convivimos, pues ese no es un estado natural en un animal.

Algunas observaciones finales...

Cada uno de los animales con los que convivimos tiene su nivel evolutivo, sus vivencias, sus aprendizajes, sus contratos de alma. Existen muchas cosas que no están en nuestro conocimiento, y que incluso no hace falta que lo estén (o no estamos preparados para comprenderlo aún). Es la mente la que quiere e intenta entenderlo todo. Nuestra alma sabe, y se lanza a vivir lo que acontece con plena confianza y con sus debidos aprendizajes. La inteligencia de la vida, la consciencia, mueve los hilos de esta existencia de manera sumamente perfecta y en equilibrio.

Lo que sí he podido comprobar por mí misma, y en muchas de las personas que acompaño, es que la relación con nuestros animales ya es de por sí misma sanadora. No quisiera transmitir la idea de que en los animales están todas nuestras soluciones y nuestras respuestas, ni que en ellos están todas las herramientas para nuestra evolución personal. A través de ellos, como muchas relaciones y aspectos de nuestra vida, podemos tomar conciencia y seguir nuestro camino de autodescubrimiento y evolución. Y este es un hermoso camino a su lado. Es un privilegio poder contar con nuestros animales en este camino y que ellos puedan contar con nosotros. Les debemos todo nuestro amor y comprensión.

Los animales son almas con su propia evolución espiritual. Vienen a enseñarnos y también a experimentar. Dependiendo de la especie de animal y de su propia individualidad, incluso pueden venir solo para enseñarnos algo. Muchos de ellos hacen una gran labor de servicio no solo hacia las personas, sino hacia el planeta. En ocasiones, algunos gatos me han «hablado» de su labor con trabajos energéticos y de limpieza global planetaria. Los gatos son animales muy psíquicos y que por lo general son grandes transmutadores de energías, pues ayudan a elevar la vibración de los espacios y de sus personas. Ya se suele decir que los gatos son grandes protectores en ese sentido, pero no por ello no deberíamos tomar la responsabilidad de nuestra propia energía.

Los seres humanos debemos ser responsables de elevar nuestra propia vibración, para no llegar a «sobrecargar» a nuestros felinos. Ellos por naturaleza y por su amor hacia nosotros nos ayudarán, pero eso no nos exime a nosotros de hacernos cargo de nuestro propio trabajo personal. Los perros, según mi experiencia, vienen también a experimentar ellos mismos sus vivencias en familias interespecies y aprender de la relación con nosotros. Son animales muy cooperativos y grandes compañeros de viaje en nuestra familia. Y aunque cada especie tiene sus particularidades, no me resisto a hablar de nuevo de las aves. Aunque a lo largo de estas páginas siempre hemos hablado de animales de familia, quiero mencionar una vez más a las aves, por las que siento fascinación. No es que sea una experta en los distintos tipos de aves, pero cuando veo una sobrevolar o posarse delante de mi casa no puedo dejar de contemplarla y maravillarme, conectando con su energía tan pura y elevada. Ellas posiblemente no han venido a la Tierra a aprender nada, han venido a mostrarnos la libertad para que reconectemos con ella, algo que en realidad ya somos: somos seres libres.

Del hacer al SER

Las personas tendemos a hacer muchas cosas con la expectativa de conseguir determinados resultados. Nos perdemos en el hacer, y nos olvidamos del ser que habita detrás de todo ese hacer. La sociedad nos enseña que valemos por lo que hacemos y por lo que conseguimos, no por lo que somos. Nos enseñan que para ser amados y para ser aceptados debemos hacer cosas y de una determinada manera, tal como los demás esperan de nosotros. Nos perdemos en hacer y hacer, y nos desconectamos de nosotros mismos.

No se trata tampoco de no hacer nada. No siento que debamos estarnos quietos meditando veinticuatro horas. Cuando estamos conectados a nuestro ser y a la vida, el hacer se convierte en algo natural, algo orgánico, y de forma fluida se van desplegando las acciones que sientes de manera coherente en el corazón. Y el hacer se convierte en algo natural, porque es un hacer conectado a tu ser y a tu verdadera voluntad. Y es entonces cuando respetas tus propios ciclos.

Acumular conocimientos

Vivimos en una sociedad en la que está muy mal visto no saber. Tenemos que saberlo todo, debemos tener respuestas para todo, y además nos identificamos con eso y tenemos que defenderlo hasta la muerte. Y así empezamos a enfrentarnos los unos a los otros creando división. Está mal visto no saber. Acumulamos conocimiento para tener una sensación de control, de ser suficientes y muchas otras razones. No estoy diciendo que no debamos buscar información o nuevos conocimientos de algo que nos apasiona o nos interesa; hablo de algo más profundo, de esa acumulación de conocimiento que adquirimos para tapar esa incómoda sensación de «no sé nada».

La auténtica sabiduría reside en el corazón. Esa sabiduría con la que todos y cada uno de nosotros vinimos al mundo. Los animales son sabios y son maestros porque están conectados a su corazón. Están unidos a la vida. No interpretan la vida, sino que la viven conectados de corazón a todo lo que los rodea.

Cuentan la historia del gato Vaska, que salvó la vida a su familia durante la Segunda Guerra Mundial. Vaska era un gato que alimentó a su familia humana, una madre y su hija en Rusia durante la guerra. Vaska cazaba ratas, ratones y pájaros para que la madre los cocinara, mientras el gato esperaba su turno. No solo sobrevivieron gracias a la comida que preparaban con la ayuda de Vaska, sino que el gato sintió un bombardeo mucho antes de que se anunciara un ataque aéreo, maullando y dando vueltas para avisar a las dos de que había que salir de la casa y huir al refugio.

Para mí esta historia ejemplifica la conexión que los animales tienen con la vida. Una vez más nos muestran su gran sabiduría, que no necesita acumular conocimientos mentales ni opinar acerca de lo que creen saber. Su sabiduría reside en estar conectados a la vida en el momento presente, y allí se nos muestran todas las oportunidades. Si las personas estuviéramos conectadas a la vida y a todo lo que nos rodea, seríamos capaces de conectar con lo que está pasando, captar la energía de nuestro alrededor, y ya no necesitaríamos acumular conocimientos de manera compulsiva para tapar otras cosas, sino que en el momento presente tendríamos acceso a todo el conocimiento necesario para ese mismos instante.

¿Somos o seremos capaces las personas de anticipar algún evento como hizo el gato Vaska, que les salvó la vida a todos? Varios factores podrían haber ayudado al gato Vaska a sentir ese bombardeo antes de que ocurriera. Los posibles motivos son inciertos hasta la fecha y especulativos, pero podrían ser varios: vibraciones que viajan a través de los diferentes elementos, frecuencias, capacidad de anticipar peligros mediante la intuición o la conexión con el campo cuántico (campo de energía invisible que lo conecta todo y lo contiene todo), captación telepática del aviso de otros animales a distancia, captación de las intenciones de las personas que iban a bombardear, etc.

La compasión como parte de nuestra evolución

Siento que es importante hablar de la compasión, no solo de la compasión animal, sino de la compasión en su sentido más amplio, en su verdadero significado. Entre las muchas definiciones que podemos encontrar de compasión, quisiera compartir una de las usadas en psicología. Goetz, Keltner y Simon-Thomas (2010) definen la compasión como «el sentimiento que surge al presenciar el sufrimiento de otro y que conlleva un deseo de ayudar».[5]

Varias de las prácticas compasivas provienen del budismo, por lo que es interesante tener en cuenta la definición según el dalái lama: «La compasión consiste en el deseo de que todos los seres sintientes estén libres de sufrimiento».[6] En esta definición se pone aún más de manifiesto que la compasión incluye a todas las formas de vida. Y si las co-

5. Jennifer L. Goetz, Dacher Keltner y Emiliana Simon-Thomas, «Compassion: An Evolutionary Analysis and Empirical Review», *Psychological Bulletin*, vol. 136, n.º 3, American Psychological Association, 2010, pp. 351-374.
6. Dalái lama, *Con el corazón abierto*, Barcelona, Debolsillo, 2004.

rrientes espirituales y muchos de los grandes maestros nos hablan de la inclusión de todos los seres sintientes, ¿no deberíamos empezar a desarrollar la compasión hacia todos los animales? Para aplicar esto en nuestro día a día, deberíamos empezar a cambiar muchos de nuestros hábitos diarios y ser conscientes del dolor que causamos a los animales.

Si comprendemos que para evolucionar como seres humanos debemos ser compasivos y desarrollar la compasión en nosotros mismos, podremos darnos cuenta de que esta compasión también debe incluir a los animales y a todas las formas de vida.

Actualmente ocasionamos mucho dolor a los animales, son usados como cosas, son explotados para nuestro beneficio humano, y alejados de lo natural. Cada vez más personas se están dando cuenta del auténtico calvario y sufrimiento que infligimos a los animales sin ningún tipo de justificación, y cada vez son más las personas que cambian sus hábitos de manera compasiva hacia los animales (ocio, alimentación, productos de consumo...). Estos cambios de hábitos respetuosos con los animales no solo se tratan de compasión animal, se tratan de la compasión.

Dentro del camino del autodescubrimiento o camino espiritual del ser humano, invito a poner consciencia sobre el trato que damos a los animales y a responsabilizarnos sobre ello. Siempre con todo el respeto y el amor, sin juicio, sin imposición, respetando los tiempos y el camino de cada uno. Porque la compasión es hacia todo y todos. Solo invitando a reflexionar sobre el impacto de nuestros actos hacia los animales y la alineación con nuestro verdadero ser y nuestro corazón. Para sanarnos deberíamos sanar también la relación que tenemos con los animales.

Amar es de valientes

Sí, amar es de valientes. Amar sin juicio. Y eso nos lo muestran muchos animales. En alguna ocasión me he quedado maravillada de algunas comunicaciones con animales que habían sido maltratados en su pasado por personas y en las que el animal no emite ningún juicio y comprende la situación, porque entiende el dolor de la persona, que la llevó a hacer lo que hizo.

Este era el caso de Balú, un perro muy alegre que vivía feliz con su nueva familia adoptante. En ocasiones tenía exceso de energía y descontrol, y pensábamos que quizá tenía que ver con su pasado, pues Balú llegó a la protectora en muy mal estado físico. Al contarme Balú sobre su pasado, me insistía en que había un hombre que lo tenía en semiabandono y que ese hombre tenía mucho dolor interno. Balú no lo pasó bien durante esos meses, sentía desatención, hambre y frío. Especialmente me mencionaba la falta de atención, pero Balú siempre me transmitió una energía muy noble y muy inocente, que, por suerte, no había perdido a raíz de esa experiencia. Él me contaba como puso toda su energía y ganas para que ese hombre se diera cuenta de que el perro quería recibir cuidados, amor y atenciones. Puso toda su energía en ofrecerle amor a esa persona, en llamar su atención, para que esa persona se diera cuenta de que debía cambiar. Balú percibía su herida interna, y él solo quería ofrecerle amor, porque era lo que aquel hombre más necesitaba; solo necesitaba sentirse amado.

¿Y nosotros? ¿Podemos los seres humanos dejar de juzgar a los demás? ¿Podemos ver que detrás de una persona que hace daño a otro ser se esconde una persona que no conoce quién es en realidad y que también está sufriendo mucho? Nada tiene que ver con justificar los actos dañinos que hace esa persona, ni aprobarlos, se trata de comprender, como Balú me enseñó a mí, que AMAR ES DE VALIENTES.

Comunicación intuitiva y nuestra dimensión espiritual

Como ya se ha planteado en capítulos anteriores, la comunicación animal como herramienta terapéutica se basa en tres pilares que deben ir a la una: el animal, el responsable del animal o familia, y la comunicadora animal. Debería haber confianza en el proceso, pues las desconfianzas podrían crear interferencias. Una comunicación animal no debería solicitarse si no hay confianza en la comunicación telepática o intuitiva, o en la persona que hace de puente de comunicación entre el animal y su persona. Hay que confiar también en que el animal nos está diciendo aquello que más necesitamos escuchar en esos momentos de nuestra vida.

Es muy bonito ver como cada vez son más las personas que confían en esta capacidad de comunicación animal intuitiva y les dan «voz» a sus animales, estableciendo una conexión más profunda con estos a través de la escucha. Los animales nos están abriendo camino a reconectar con esa parte innata del ser humano y a normalizarlo con el tiempo. Cuando hablamos de habilidades psíquicas (donde se incluye la telepatía), muchas personas aún pueden etiquetarlas como cosas extrañas, paranormales, alejadas de lo cotidiano, o como capacidades extraordinarias o sobrenaturales. Pero gracias a los animales, muchas personas se están abriendo a ver la telepatía como algo más natural, como una capacidad innata en todo ser vivo, pues todo resulta más natural cuando se le atribuye al reino animal. Así que una vez más gracias a los animales, estamos empezando a considerar la telepatía dentro de un contexto natural innato en la comunicación entre seres, y estamos despertando a nuestra dimensión espiritual, a nuestra energía, o al menos a considerar que somos más que un cuerpo físico.

Los seres humanos tenemos un gran potencial. Tenemos el potencial de descubrir quiénes somos en realidad, de reconocernos, de reconectar con el corazón y desde allí transformar los cimientos del mundo en el que vivimos. Para ello, debemos transformarnos nosotros primero y ser ejemplo de lo que queremos ver en el mundo. Nuestros animales lo tienen muy claro, y por eso una y otra vez nos reconducen a nosotros por el camino del autodescubrimiento y crecimiento personal, con paciencia, amor y sin juicio.

Las personas ya hemos estado siglos y siglos experimentando, y aunque nos pensemos que hemos evolucionado mucho, nos queda aún camino por delante, el camino que nos lleve de regreso a nosotros, un verdadero reconocimiento de lo que somos los seres humanos. Pero en muchas ocasiones seguimos quedándonos en la teoría. La teoría nos la sabemos, ahora nos falta la práctica. Y para ello están aquí los animales de nuestra familia, para mostrarnos todo lo que nos falta poner en práctica. Nos muestran nuestras partes internas que debemos sanar, todo aquello que está en nuestro subconsciente y nos impide avanzar. Nos muestran que la auténtica revolución y transformación es interior, y que para ello debemos mirar a través de los ojos de nuestro corazón.

Deseo que este libro te ayude a ver con mayor profundidad a tu animal de familia y que posiblemente ponga la semilla en ti, para que cada vez seamos más las personas que sembramos con la semilla del amor, del respeto, de la empatía y de la compasión, en cada uno de los actos que realizamos en nuestro día a día, en coherencia con lo que somos en realidad.

El ser humano tiene un enorme potencial, y ya es hora de confiar en nuestra grandeza y en nuestro poder interno al servicio del amor. Deseo que todas estas líneas te inspiren a aventurarte en un camino de autoconocimiento y de sanación junto a tu animal. Si tu animal ve la grandeza que hay en ti, ¿acaso tú no serás capaz de verla?

Agradecimientos

Quiero agradecer a todas las familias que han abierto su corazón para que los acompañe a través de las distintas terapias en un camino de autoconocimiento junto a sus animales, y agradecer la generosidad de aquellas personas que me han permitido compartir sus historias en este libro.

Gracias a Olga Porqueras, mi amiga y compañera de viaje, que me abriste al mundo de la comunicación animal. Gracias por estar a mi lado apoyándome, por confiar en mi trabajo y por compartir ratos de charlas personales cuando lo necesitaba. Gracias por ayudar a recordar a tantas personas su capacidad de comunicar telepáticamente con animales y por tu labor de concienciación animal.

Gracias a Miriam Olmedillo y a Daniel Turrión, dos grandes educadores caninos, por acercarme al mundo del perro y de la educación canina con respeto y desde una nueva perspectiva, por compartir con generosidad vuestro conocimiento sobre perros y por compartiros desde el corazón, mostrándonos al perro como un verdadero compañero de viaje en nuestra evolución. Gracias infinitas a Miriam, por tu luz, por tu gran sensibilidad y tu fuerza, por ser amiga y compañera. Sin tu apoyo posiblemente no hubiera tenido la valentía de seguir adelante con mi labor hacia los animales. Ha sido un regalo reencontrarnos en el camino después de muchos años.

Gracias a Oriol, que apareciste en el mejor momento, cuando yo ya estaba poniendo todos mis aprendizajes sobre el papel y con la idea de escribir un libro. Gracias por impulsarme a compartir este conocimiento y por la confianza que depositaste en mi trabajo.

La lista de agradecimientos podría ser interminable, pero quiero dar especialmente las gracias a todos y cada uno de los animales que me han mostrado qué camino seguir, que me han permitido acercarme a ellos y conectar de una manera muy profunda, quiero hacer una mención especial a mis pequeños Pipo y Merlot, con los que sigo aprendiendo cada día. Gracias, querida Sri Lanka, gracias a todos sus animales y gracias a la gran labor que sigue haciendo Animal SOS Sri Lanka, luchando diariamente y ayudando a los miles de perros y gatos que sufren en sus calles. Os animo a colaborar con cualquier pequeña aportación a través de su web.[7]

Gracias a todos y cada uno de los animales que con su presencia nos ayudan a las personas a ver la vida de otra manera y nos impulsan a seguir el camino del corazón.

Y, para finalizar, gracias a cada una de las personas que habéis dedicado parte de vuestro tiempo a leer este libro, deseando que os ayude en la relación con vuestros animales.

7. Animal SOS Sri Lanka, <https://www.animalsos-sl.com/>.